神奈川大学入門テキストシリーズ

歴史民俗資料入門 1

古文書を学ぶ

——市川海老蔵の証文から——

関口博巨

御茶の水書房

目次

はじめに

みなさんは「古文書」という言葉を知っていますか？〝古文の書〟と考えて「こぶんしょ」と読んだ人も多いのではないでしょうか。しかし、古文書は古文とは違います。

古文書は古文書学や歴史学などの用語です。詳しくは本文で説明しますが、古文書は「こもんじょ」と読み、〝古い文書〟のことを指しています。「文書」は呉音《ごおん》という古めかしい漢字音で「もんじょ」と読むのです。

当たり前のことですが、人間は社会生活を営む生き物です。他者とさまざまなコミュニケーションを取り合います。とくに言語によるコミュニケーションは、他の動物にはみられない特徴です。「ぶんしょ」でも「もんじょ」でも、文書は文字言語によるコミュニケーションのひとつであり、人間の意思をある程度の持続性をもって表示するものといえます。その持続性ゆえに、文書は歴史を振り返るための史料となり、文化財ともなり得るのです。今日では電子的・磁気的に記録された文書が増えてきましたが、これまでの記録媒体の主流は紙でした。したがって、日本の歴史学・古文書学・記録史料管理学・歴史民俗資料学などの諸分野が研究対象もしくは研究材料とするのも、多くの場合、和紙に墨書された古文書ということになります。

このテキストは古文書、とくに近世文書の入門書です。しかし、くずし字判読の入門書でも、基本事項を網羅的に説明したものでもありません。これからわたしは、歌舞伎役者の市川海老蔵《いちかわえびぞう》にかかわる一通の古文書を読み解きながら、みなさんと一緒に、江戸時代について、歴史の調査についいて、そして古文書そのものについて考えていきます。古文書が語りだす世界を味わっているうちに、古文書の定義、読み方、取り扱い方なども、自ずとわかってくるはずです。ここが古文書学習の入り口です。みなさん、広くて深い古文書の世界へようこそ！

第一話　古文書を読む

見て筆写して学ぶ

歴史研究者が古文書を研究に活用するまでには、いくつかの段階があります。大まかに言うと、①古文書を読む（翻字・筆写・翻刻する）、②古文書を理解する（内容・成立・真偽などを検討する）、③古文書で考える（史料として活用する）、の三段階です。このように書くと、「古文書を読むってたいへんなんだ」と怖気づいてしまう人がいるかも知れません。しかし、訓練された歴史研究者の多くは、自然にこれらの段階をふまえて研究しているのです。少し努力すれば、みなさんにもできるはずです。この第一話では歴史研究の基本、①の「古文書を読む」ということについて説明します。

古文書を知るにはとにかく本物を見ることが一番です。しかし本物の古文書は、旧家にお願いして拝見するか、博物館や史料館で請求して閲覧しなければなりません。そこで、このテキストでは、本物を見る〝その時〟にそなえて、まずは写真版の古文書で予習することにしましょう。六〜七頁の**図1**を見てください。公益財団法人成田山文化財団が運営する成田山仏教図書館（千葉県成田市）が所蔵する古文書です。

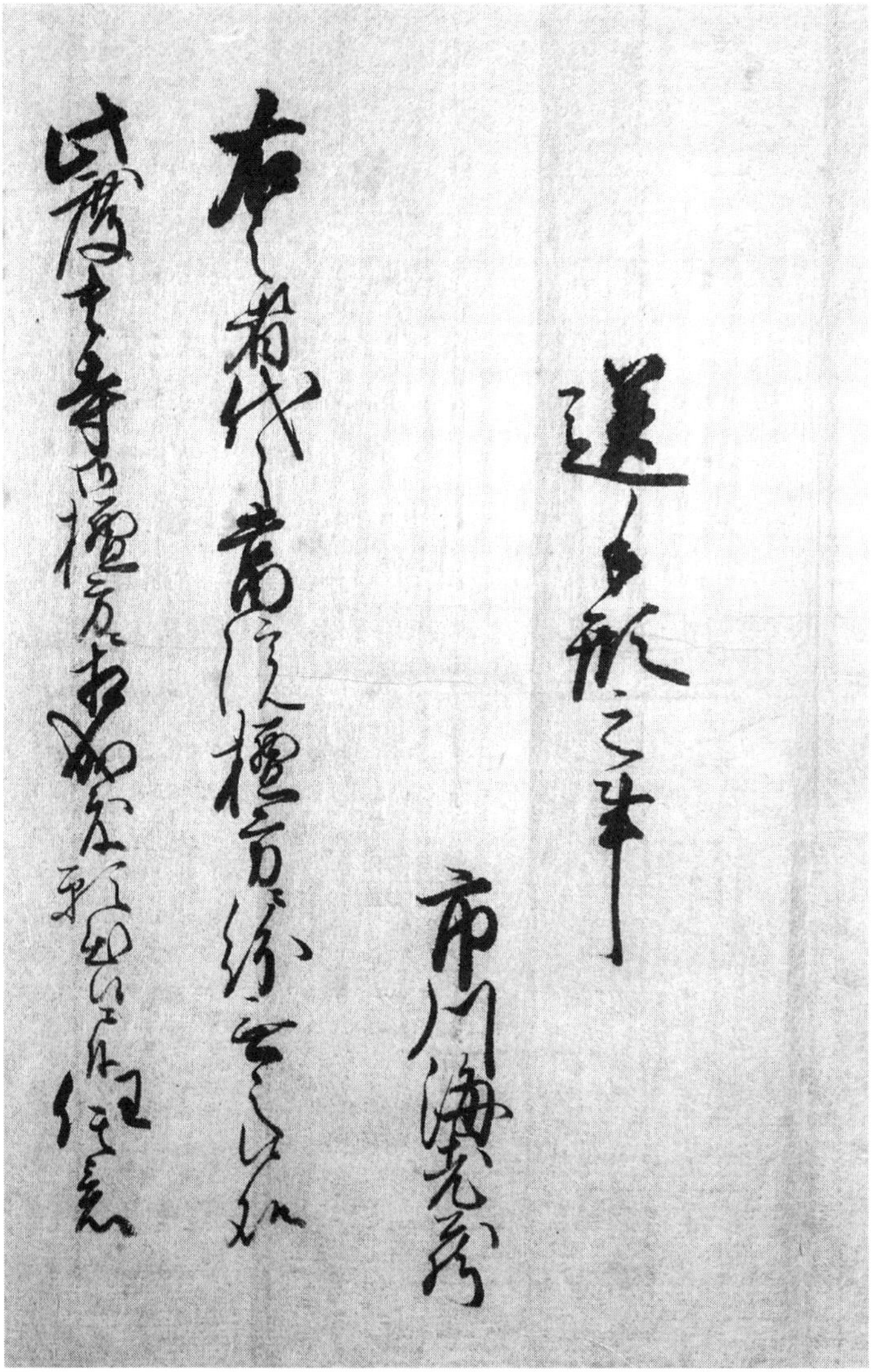

図1　市川海老蔵（七代目團十郎）送り手形（成田山仏教図書館所蔵）

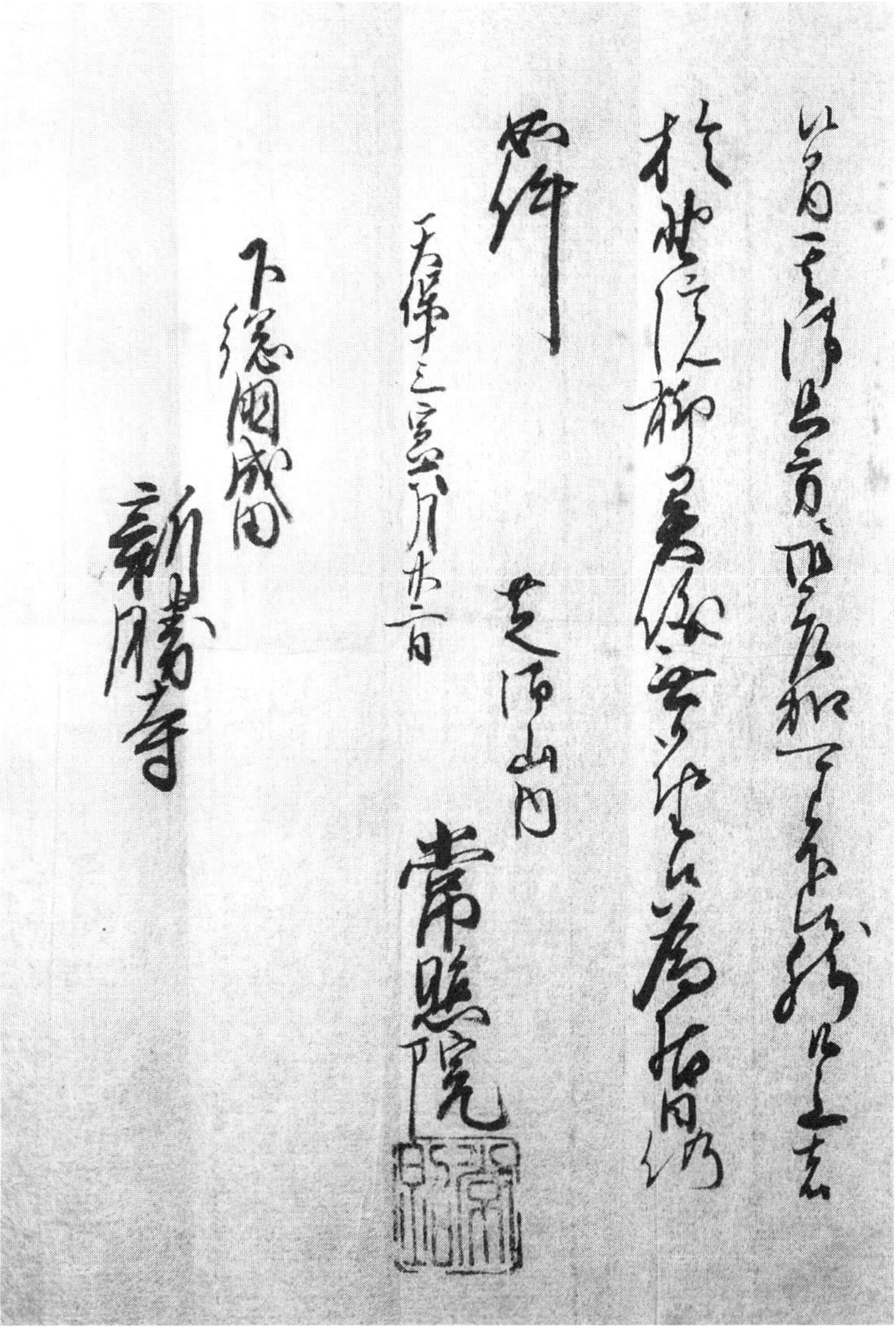

[illegible]
[illegible]
如件
天保三辰六月廿日　芝御山内
常照院
下総国成田
新勝寺

どうですか？　読めますか？「こんなの読めるはずがない」と尻込みした人も少なくないと思います。「くずし字OCR（AIくずし字認識）」の開発が進んでいるのだから、これからはAIで自動テキスト化すればいいという人だっているかも知れません。実際、平易なくずし字の古文書ならば、AIによる自動テキスト化は、もう間もなく実用化されることでしょう。しかし、そのテキストはくずし字を現代の文字コードに機械的に置き換えただけのものですから（翻字）、古文書の専門知識をもった人間が校訂しなければ、正確に活字化・電子データ化した史料集（翻刻）をつくることはできないのです。難解なくずし字の古文書、訂正の書き込みや付箋の貼られた古文書ならば、どうしても人が読み解く必要があるのです。くずし字を判読し、古文書を解読できる「人」は、この先もまだまだ必要だということです(1)。

何はともあれ「習うより慣れよ」。まずは原稿用紙と鉛筆を用意してください。用意できたら、図1とにらめっこして、くずし字を楷書体に改めながら書き写してみましょう。言語学や書誌学では、古典籍などの資料の文字を現行の文字に一字一字置き換えることを「翻字《ほんじ》」(transliteration)と言います。歴史研究者は、古文書の全体または一部を翻字しながら書き写すことを「筆写《ひっしゃ》」と称し、翻字・筆写した古文書を集めて史料集として刊行すること、あるいは刊行物そのもののことを「翻刻《ほんこく》」と言っています。

一口に筆写と言っても、書き写す媒体や方法、翻字のルールなど、考えなくてはならないことがいろいろあります。古文書を読みなれた人ならば、原稿用紙と鉛筆ではなく、パソコンのワープロ

(1) 詳しくは、人文学オープンデータ共同利用センターのホームページなどを参照してください。http://codh.rois.ac.jp/

ソフトを使っていきなり入力していく場合もあります。しかし、読む力をつけたい初心者ならば、はじめのうちは原稿用紙と鉛筆で筆写することをお勧めしたいと思います。

読解トレーニングのための筆写は、翻刻のための筆写とは違いますが、多くの史料集や論文が共有している凡例(2)を参考にして、いくつか約束事を決めておきたいと思います。自分だけでなく、第三者が見ても、筆写元となった古文書の情報を、できるだけ正確にイメージすることができるようにするためです。本書ではとりあえず、その約束事を〝学習筆写ルール〟と呼んでおきましょう。

図2が学習筆写の例です。この筆写原稿を提供してくれたのは、古文書の勉強をはじめて約半年になる大学院生です。彼は民俗学専攻ですが、その割にはよく読めていますね。この筆写例によりながら、学習筆写ルールを説明していきます。

保存・保管情報の記入は必須

筆写例に使用した原稿用紙は、日本常民文化研究所（第四話参照）が一九五〇年代から使用していたものをベースにしています。原稿用紙の上部には、「現所蔵地」「文書番号」「原住所《げんじゅうしょ》」「文書群《もんじょぐん》名《めい》」の記入欄があります。まずは第一に、筆写しようとしている古文書を含む古文書群にかんする情報から記録しておきましょう。古文書はただの文字の羅列ではありません。どこの土地のどのような家や機関に所蔵されていたのかという情報、つまり保存・保管にかんする情報は、古文書の内容を理解したり、史料的価値を判断したりするために、とても大切なのです。

(2) 図書館に行って、気になる史料集を開いてみましょう。ほとんどの史料集の巻頭には、翻刻のルールを示した凡例が載せられているはずです。

図2　古文書読解トレーニングのための筆写例

❶「現所蔵地」「文書番号」「原住所」「文書群名」など、保存・保管にかんする諸情報をく。

❷標題・本文・年月日・差出人・宛所の高さや位置の関係はできるだけ見たまま書き写す。

❸近世文書に特徴的で使用頻度の高い助詞は、漢字のまま小さく右寄せにして表記する。

❹旧字・異体字・合字・踊り字のくずし字は、現行の常用漢字に改めず、旧字や異体字のまま楷書体に翻字する。

❺読めない箇所は、文字数分のマス目をあけたり、薄く○印をつけておいたりする。自信のない翻字には「？」を付すなどの工夫をする。

❻読めないくずし字を、原稿用紙のマス目のなかにみたとおりに書き写しておく。

❼印影は本文と区別できるように表記する。

※最初から読点・訓点を付ける必要はない。翻字が終わったら、よく考えて読点・訓点を加筆する。

❶

原住所	成田市 成田山新勝寺	現所蔵地	成田市 成田山仏教図書館
文書群名	成田山仏教図書館図書	文書番号	ロ0840-0001（貴重書）

❷ 送手形之事

右之者代々 ❹ 当院? ❹ ◯方ニ ❺ 紛無之え? 候処

此度◯寺御◯方ニ相成度願出候ニ ❸ 付[illegible]

候間其御旦方ニ御差扣? [illegible] ❻ 儿上者

於其院御宗儀 ❹ 無御?座?候為後日仍

如件

❷ 天保十三寅六月廿二日

下総国成田

新勝?寺

❷ 芝御山内

常照院[illegible] ❼

市川海老蔵?

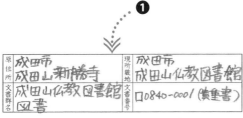

古文書群が何らかの事情（寄贈・寄託・売却など）で移動して、保管地が原住所と異なっている場合は、「現所蔵地」欄に筆写時の所在先を記入します（○○博物館・○○文書館・○○大学○○研究所など）。その古文書群の目録がある場合には、「文書番号」欄にこれから筆写する古文書の目録番号（整理番号）を入れます。「原住所《げんじゅうしょ》」欄には、古文書群が蓄積・形成された地域名を入れます（都道府県・市町村・大字など）。「文書群名《もんじょぐんめい》」欄には、古文書群全体に与えられた名称を記入します（○○家文書・○○区有文書・○○漁業協同組合文書など）。市販の原稿用紙の場合はこのような欄がないので、原稿用紙一枚目の冒頭の一～二行はこれら諸情報の記入にあて、古文書の筆写はさらに一行あけて四行目から始めるなどと決めておくといいでしょう。

ただし、古文書群情報の記入内容や記入の仕方については、文化庁や何らかの権威ある機関が決めた原則があるわけではありません。各機関・各個人で最適と考える記入原則を決めておく必要があります。したがって、ここに示したのも、わたし個人の経験にもとづく提案のひとつだと理解しておいてください。

見たまま筆写

保存・保管情報を記入したら、つぎはいよいよ古文書の文字を翻字していきます。学習筆写で心がけたいのは、該当の古文書と筆写原稿を対照させやすくすること、古文書に頻出する文字や表現を覚えながら書き写すことです。そのために、学習筆写で守るべき大原則は〝見たまま筆写〟です。

たとえば、行頭の位置（高さ）は、古文書にあるとおりにします。例にあげた図1の古文書ならば、表題の書き始めの高さは、三行目から始まる本文よりも、数文字分低い位置になっています。このように、標題・本文・年月日・差出人・宛所の高さや位置の関係を、できるだけ見たまま書き写していきます。その理由はあとで説明します。

また、図2の筆写例では、原稿用紙のマス目が余っているのに、図1の古文書にあわせて改行しています。近世文書の翻刻の多くは、見たままの改行を行っていません。実際の古文書は、文字の大きさや一行の字数がまちまちです。そのため、見たままに改行すると余白が目立ち、頁数も増え、たくさんの史料を効率的に収録することができなくなってしまうからです。しかし、学習筆写に取り組む初心者の視線は、古文書と原稿用紙との間を行ったり来たりします。古文書にあわせて筆写原稿が改行されていると、文字探しが容易になります。授業やグループ学習の参加者が、どの文字、どの部分について話しているのか、お互いに理解しやすいという効果もあります。

〝見たまま筆写〟は学習筆写の大原則です。大原則があるからには、小原則だってあります。ですが、小原則は少し煩雑なので、図1の古文書を読んだあとの方が、効率的に理解できるでしょう。もちろん、図1が簡単に思えるくらいの経験者ならば、第一話の末尾にある「学習筆写の小原則」を先に読んでもかまいません。

釈文と読み下し文

一五～一六頁は、図1文書の「釈文《しゃくぶん》（訓読文）」と「読み下し文《ぶん》」です。ここで釈文といっているのは、くずし字の古文書を筆写・翻字した文章のことです(3)。これを見ると、近世文書は漢字を主体としながらも、助詞などに仮名文字を交えた文章、いわゆる仮名交じり文（漢字仮名交じり文）になっていることがわかりますね。

古文書には読点も訓点も付いていないのがふつうです。この釈文は読点と訓点を付けた訓読文にしています。これを見れば、江戸時代の古文書には、訓点を付けないと読めない部分のあることがわかるでしょう。筆写例のとおり、学習筆写は見たまま筆写が原則なので、最初から読点・訓点を付ける必要はありません。翻字が終わったら、よく考えて読点・訓点を加筆してみてください。

訓読文を和文風に書き下したのが「読み下し文」です。ぜひ音読してみてください。読み下し文は「書き下し」とも言いますが、中世文書には「書下文《かきくだしぶみ》（書下）」という様式があるので、混乱しないように、本書では読み下し文と言っておきたいと思います。一六頁の読み下し文の文字は、現在の常用漢字に改めました。

それでは、釈文と自分の筆写を見比べて、自己採点してみてください。みなさんは、図1の古文書が何パーセントくらい読めていましたか？「あまり読めなかった」という人でも、読めた字はかならずあったはずです。それが古文書判読の手がかりです。くずし字の読み方の解説は「読み下し文」のあとにあります。

(3) 同じ釈文でも、「しゃくもん」と訓むと、仏教の経論を解釈した文句のことになります。

【釈文（訓読文）】

送手形之事

市川海老蔵

右之者、代々當院檀方ニ紛無レ之候処、
此度貴寺御檀方ニ相成度願出候ニ付、任ニ其意一
候間、其御旦方ニ御差加可レ被レ下候、然ル上者
於ニ墅院一聊吴儀無御坐候、為ニ后日一仍
如レ件

芝御山内

天保十三寅六月廿二日　　常照院 印

下総國成田

新勝寺

【読み下し文】

送《おく》り手形《てがた》の事《こと》

市川海老蔵《いちかわえびぞう》

右《みぎ》の者《もの》、代々《だいだい》当院《とういん》檀方《だんかた》に紛《まぎ》れこれ無《な》く候《そうろう》ところ、
此《こ》のたび貴寺《きじ》御檀方《おだんかた》に相成《あいな》りたく願《ねが》い出《い》で候《そうろう》につき、其《そ》の意《い》に任《まか》せ
候間《そうろうあいだ》、其《そ》の御旦方《おだんかた》に御差《おさ》し加《くわ》え下《くだ》さるべく候《そうろう》、然《しか》る上《うえ》は
野院《やいん》に於《お》いて聊《いささ》か異儀《いぎ》ござ無《な》く候《そうろう》、后日《ごにち》のためよって
件《くだん》の如《ごと》し

芝御山内《しばごさんない》

天保《てんぽう》十三寅《とら》の六月《がつ》二十二日《にち》　常照院《じょうしょういん》 印

下総国成田《しもうさのくになりた》

新勝寺《しんしょうじ》

1行目は標題（表題）です。文書の冒頭にあって、件名や本文の趣旨を記した部分です（図3参照）。「送手形之事」は、送り仮名を補って「送り手形の事」と読みます。末尾を「…之事（のこと）」という「事書き」で結ぶ標題は多いので、ぜひ覚えておきましょう。「事書き」の形式は、標

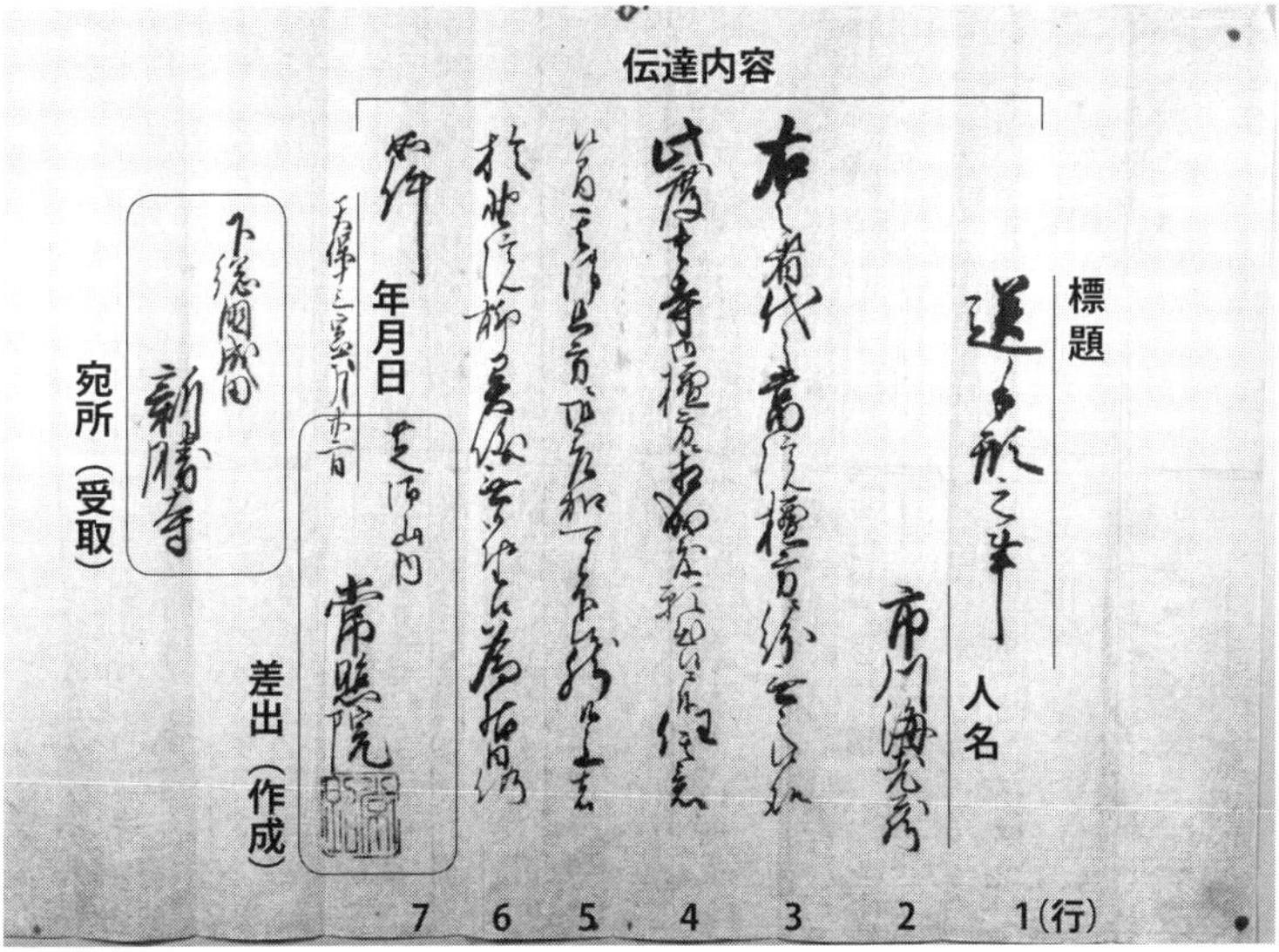

図３　「送り手形の事」内容（成田山仏教図書館所蔵）

題のほか箇条書でもよく見られます。

２行目には五文字の人名が書かれています。難しいのは最後の一文字ですが、「市川海老」まで読めた人ならば、これは「蔵」（旧字は「藏」）に違いないと推測できたのではないでしょうか。そうです、歌舞伎の宗家として知られるあの市川家の名跡《みょうせき》、市川海老蔵です。文字が推測できたら、くずし字の字典や辞典でたしかめておいてください。

このように、難解な古文書のくずし字は、読める字を手がかりにして、推測と確認を繰り返しながら翻字していくのです。誰も読んだことのない古文書を読むのに、くずし字だけを見て楷書体に改めようとか、カンニングしちゃいけないとか考えてはいけません。字典・辞典類はもちろん、歴史図書も、演劇図書も、関係ありそうなものは何でも翻字のヒントにしてしまいましょう。持てる知識を総動員して、ヤマ勘を目いっぱい働かせましょう。推測した文字が正しければ、言葉や文章はとたんに意味を持ったものになるので、正解が見付かったその瞬間はだいたいわかるものです。そうやって摑んでいった勘所は、いつしか確かなものとなり、「ヤマ勘」ではなくなっていくはずです。

3行目のは「右之者（右の者）」です。「之」のくずし字は、ひらがなの「し」に似ていますね。「之」が「し」の字母《じぼ》（元になった漢字）なのだから、それも当然なのです。「し」に似た文字があったら、「之」かも知れないと推測して、字典でたしかめてみましょう。そのあとに出てくる「當」は「当」の旧字で、「当」は「當」の略体字にあたります。すべての文字について解説できるほど、本書には紙幅がありません。古文書の勉強をはじめたばかりのみなさんには、古文書には旧字や略字・俗字などいろいろな字体が出てくること、それらの字体がくずし字で書かれているということを、とりあえず知っておいてもらえればいいと思います。

同じ3行目の下の方、「檀方」と「紛無之候処」の間にあるは、小さな滲みのように見えますが、カタカナの「ニ」です。小さな「ニ」は、図1のなかに三つあります。見落とさないようにしましょう。「ニ」は頻繁にでてくる助詞のひとつです。学習筆写の小原則はあとで整理しますが、江戸時代に慣用的に使われていた助詞は、古文書の雰囲気を少しでも伝えられるように、やや小さめの文字を右に寄せて表記します[4]。この例から、古文書の文字の大きさが、かならずしも均等では

（4）この点については、「学習筆写の小原則」の「助詞」の項を参照してください（29〜30頁）。

ないこともわかりますね。

いま「紛無レ之候処」と読んだのは、の部分です。読み下すと「紛れこれ無く候ところ」となります。この場合は「之」を「これ」と読みます。「無之（これ無し）」や「無之候（これ無く候）」という形でも使われるとても慣用的な表現ですので、このまま丸ごと覚えておくといいでしょう。

ちなみに、江戸時代の古文書には、「候」という語が多用されます。図1の本文中、ほとんどすべての行に「候」があるので確認してみてください。「候」を多用するこのような文体を一般に「候文」と言います。「候」の歴史的仮名遣いは「さうらふ」で、国語辞典類の項目では「候ふ」になっています。「候」という語は、相手を敬ったり、儀礼的に自己の品位を保ったりするのに用いる丁寧語で、現在ならば「あります」「ございます」に当たります（『日本国語大辞典』第二版参照）。ある中世史研究の大家が、「近世文書は候が多くて気持ち悪い」とおっしゃっていました。「候」の多用は、近世文書の最も大きな特徴のひとつといえるでしょう。

4行目にも、慣用表現や典型的なくずし字があります。たとえば、「此度（此のたび）」、「相成度（相成りたく）」、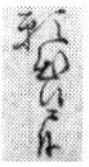「願出候ニ付（願い出で候につき）」などです。「相成度」の「相」は、動詞について語勢を添えたり、語調を整えたりする接頭語です。この語は、くずし字が特徴的なうえに、多すぎるくらい出てくるので覚えておいたほうが得です。

4行目から5行目にかけて書かれているは「任二其意一候間」で、「其の意に任せ候

間」と読み下します。「任其意」は「その気持ちに任せる」という意味で、これもよく使われる言葉です。はまるで一文字のように見えますが、「任」の字の中に「其」の字が入り込むような形になっています。「任其意」という言葉を知っていれば読み解けるはずです。「候間」は「ありますので」「ありましたので」という意味で、やはり慣用的な表現です。は「間」ですが、文字上部の「つ」の字のような部分が門構えです。これが門構えの典型的なくずし字のひとつです。

5行目のは「可レ被レ下候」で、「下さるべく候」と読み下し、「～をして下さいませ」というほどの意味になります。「可」や「被」などは、下から返って読むことの多い文字です。は、「然ル上者（然る上は）」と読む接続詞で、「そういうことであるからには」という意味になります。は、「然」の字の「灬」が「犬」の下に移動した字体で、「移動字」などと呼ばれる異体字の一種です。

6行目にも、異体字がいくつかあります。のは「扵」で「於」の異体字、は「埜」で「野」の異体字です。これらの文字は、現代の私たちにとっては異体字ですが、江戸時代の人びとにとってはむしろ常用漢字と言った方がふさわしいでしょう。どれも知っておきたいところです。

その下のは「聊異儀無二御坐一候」で、「聊か異儀ござ無く候」と読み下します。「異儀」は「異議」と同じで、相手の意見を不服として述べる議論、異論のことです。は「聊」で「聊」、は「吴」で「異」の異体字です。近世文書では、「異」よりも「吴」の方がはるか

に多く使用されています。これも当時の常用漢字です。のは、坐禅の「坐」の字になっています。「座」の字を使った「無御座候」もあります。

最後のは「為二后日一仍如レ件」で、「后日《ごにち》のためよって件《くだん》の如し」と読み下します。通常、「為後日」となるところが、ここでは「後」の類語である「后」が用いられています。また、「仍如件」の接続詞「仍」には、「仍而」「依而」のように、送り仮名「而」がつけられていることも多くあります。したがって、一般的には「為後日仍而如件」と書いて「後日《ごにち》のためよって件の如し」と読みます。(5)「後日（問題が発生した時）の備えとして、前文のとおり間違いございません」ということを意味するもので、証文類の本文末尾にしばしば使われている言葉です。しっかりと覚えておきましょう［関口二〇一三］。

つぎに読むのは年月日の部分です。は「天保十三寅六月廿二日」で、「天保十三寅の六月二十二日」と読みます。多くの近世文書では、元号・年数のあとに干支を書いています。「天保十三寅年六月廿二日（天保十三寅の年六月二十二日）」のように、干支のあとに「年」「歳」「稔」などを入れていることもあります。は「廿」で「二十」を表す漢字です。「卅」「丗」は「三十」ですが、「丗」は「世」の異体字と同形なので注意が必要です。年月日のあとは、差出《さしだし》、宛《あて》所《どころ》の順序で読んでいきます。

ページ数の都合で、くずし字の十分な解説はできませんでしたが、よく出てくる典型的なくずし字と、理屈抜きで暗記してもらいたい慣用表現を選んで紹介してみました。みなさんが学習筆写す

(5)「後日」は漢音で「ごじつ」と読んでも間違いではありません。「ごにち」は古文書（こもんじょ）と同じく、呉音です。

るときは、ここで覚えたくずし字はもちろん、江戸時代の文書の慣用的な言葉や表現、時代背景や関係する地域にかんする知識など、持てるあらゆる情報を総動員して推測し、字典・辞典類でそれを確かめていきます。そういうことを繰り返しているうちに、くずし字の翻字は身についていくものです。

古文書解読の壁――くずし字

一枚の古文書のなかに、大きさの違う文字が混ざっている。句読点がない。時代特有の独特の言いまわしが多い。そのうえ、それらが「くずし字」で書かれていて、字数さえわからない文字のかたまりになっていたりする――図1に取り組んでみたけれどまるで読めない、と途方に暮れている人もいるのではないでしょうか？　そんな人たちのために、古文書の解読力を養うための、ちょっとしたアドバイスを書いておきます。

古文書読解にはいくつかの壁がありますが、初心者が最初に面食らうのは、何よりもくずし字ではないでしょうか。わたしたちは、小学校入学以来、楷書体を習い、活字で組まれた教科書を読んで勉強してきました。ところが、古文書の多くは、楷書体よりも、草書体や行書体などのくずし字で書かれています。そのため、初めて古文書を見た人は、「江戸時代の人って、みんな達筆ですね」と言います。

ですが、実はそうでもないのです。江戸時代の古文書のくずし字にも、上手な書、下手な書、

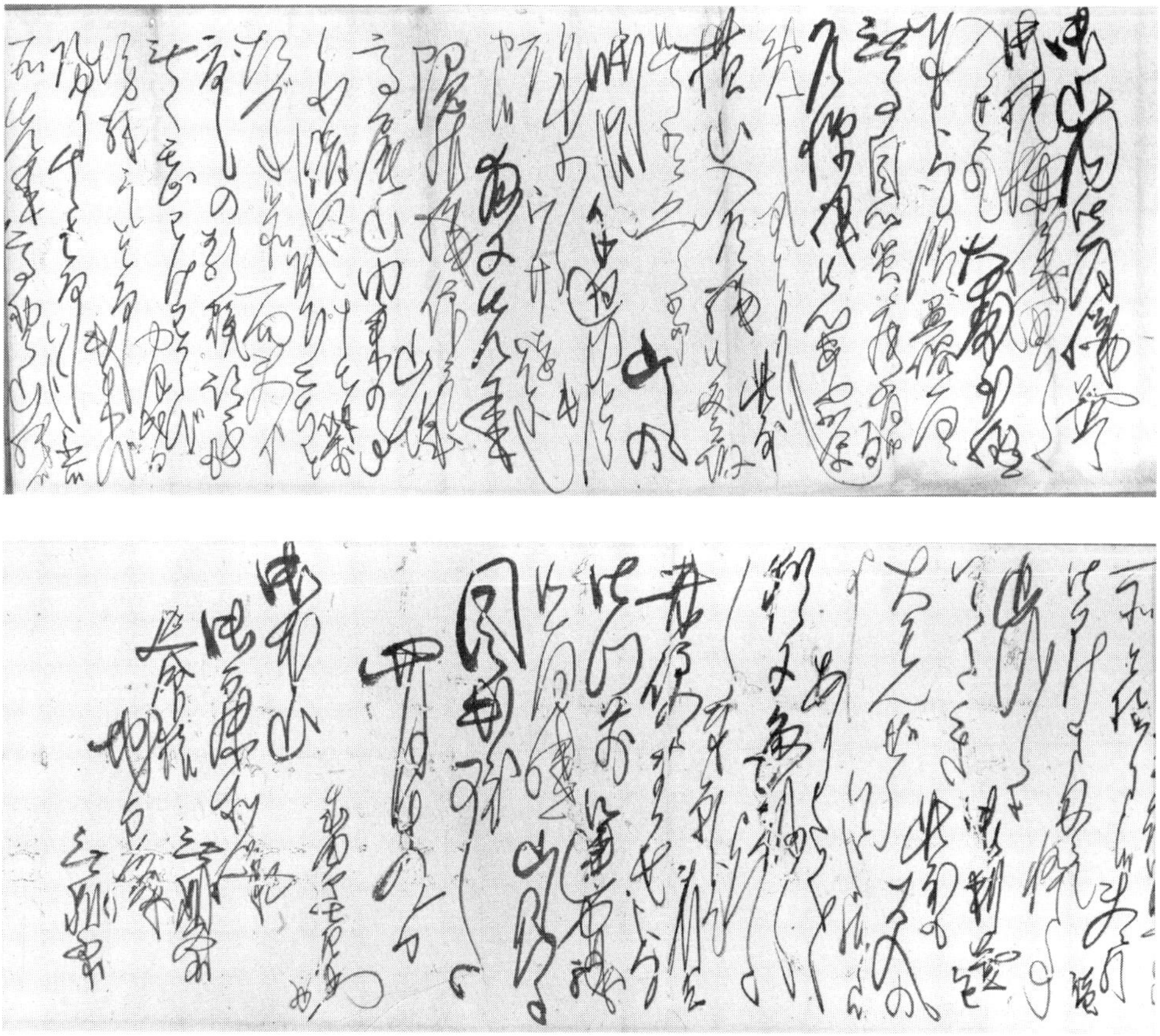

図４　成田屋七左衛門書状（部分／成田山霊光館所蔵）

堂々とした書、卑屈な書、素直な書、個性的な書など、いろいろなタイプがあるのです。くずし字で書かれてはいるけれど、誤字だらけという古文書も少なくありません。

たとえば**図4**は、成田山仏教図書館と同じ成田山文化財団が運営する成田山霊光館（千葉県成田市）所蔵の古文書で、成田屋七左衛門という人物がしたためた書状です。図1とは大分異なり、強烈な個性とエネルギーを感じさせる書ですね。くずし字もかなり難解です。くずし字を一字一字読み取ろうとしたら、とても太刀打ちできそうにありません。

市川海老蔵の「送り手形の事」に即して解説したように、近世文書の文章は、基本的にいくつもの慣用句や慣用表現を組み合わせてできています。極端なことをいえば、くずし字判読力はそこそこでも、多用されるフレーズを知っていれば、「古文書が読めてしまう」可能性もあるということなのです。成田屋書状の書き出しも、「御《ご》山内《さんない》御《ご》一同様《いちどうさま》益〻《ますます》御《ご》機嫌様《きげんよう》宜《よろ》しく」（冒頭二行）という、お定まりのご機嫌伺いです。(6)

とはいえ、初心者がいきなり成田屋書状を読もうとしたらくじけてしまいますので、難易度は段階的にあげることをお勧めします。とくに一人で勉強する場合は、くずし字の七〜八割くらいは楷書体に置き換えられるレベルの古文書を選び、辞書・字典と首っ引きで筆写してみるとよいでしょう。

なお、成田屋七左衛門については、第二話の最後にあらためて説明します。

(6) ［菅原 2019］が成田屋七左衛門書状の全文を紹介しています。

わたしの経験から

わたしが古文書の勉強をはじめたのは大学一年生の後期でした。今のみなさんとあまり変わりません。近世史を担当する先生の筆写はすごいスピードでした。先生の鉛筆は原稿用紙のうえでカリカリと小気味のよい音をたてていました。いまならば、キーボードの音がカチャカチャと響くようなイメージでしょうか。ところがわたしの〝筆写〟は、机の上に古文書と原稿用紙をならべるだけ。あとは無音の時をむなしく過ごすだけでした。くずし字になれた先輩はもちろん、同級生にも後れを取っているようで焦りました。

そんなわたしでも、大学を卒業するまでに、古文書読みの入門レベルは「卒業」できたように思います。「卒業」までのステップは何段階もありましたが、最初のステップは大学二年生の夏休みに訪れました。「日本史演習Ⅲ」という近世史の演習についていくために、一人で特訓を敢行したのです。たぶん、今のみなさんには、このときの勉強法が一番参考になると思います。

その夏、わたしは、古文書の独習書を二冊、徹底的に勉強しました。掲載史料はすべて学習筆写し、釈文と比べながら自己採点しました。読めない字はくずし字解読字典で調べます。それでも読めないときは、自分でくずし字を何度も書いて、筆の運びを検討し、あらためてくずし字解読字典を引きます。すると、答えがふと浮かび上がってくることがありました。掲載の釈文で答え合わせをするときも、読めなかった字はくずし字解読字典で必ず確認しました。古文書に出てきた言葉の意味や内容についても、独習書の解説を読むだけでなく、日本史辞典・国語辞典・漢和辞典などで調べ直しました。古文書を読みこなすには、古文書や江戸時代について、できるだけ多くの知識があった方がいいからです。夏休みも終わり、各種辞典類が鉛筆や手垢で薄汚れたころには、基礎的な御家流《おいえりゅう》の古文書ならば、そこそこ「見える」ようになった気がしました。特訓の甲斐あって、後期の演習にはついていけるようになりました。

その年度の「日本史演習Ⅲ」のレポートのテーマは「御手伝普請《おてつだいぶしん》」。年末、初めて買った一眼レフカメラを携えて、現地調査を行い、北関東のさる大名家の日記の写真撮影をしてきました。帰宅後、写真を見ながら日記を筆写して、レポートを作成しました。そのときの「発見」は、ほんの些細な取るに足りないことでしたが、古文書や古記録には誰も知らない事柄が記されており、自分にも新しい歴史事実を見つけることができる喜びを感じたのです。

卒業論文に取り組んだ大学四年生のときには、東海地方の某藩の記録（藩政史料）を基本史料に、天保期の藩政改革について調べていました。その夏、藩領内の村方文書を閲覧しに、ある公共図書館を訪ねました。あらかじめ手紙や電話で調査を依頼していたのですが、わたしが学生だったせいか、よほど怪しいと思われたのか、許可されたのは閲覧だけ。撮影は許されませんでした。交通費と宿泊費の負担は痛手でしたが、図書館の近くに宿をとり、一週間ほど通って「筆写しまくる」ことにしました。閲覧室で読めなかった部分は、鉛筆で運筆を真似て書き取っておいて、宿に持ち帰って検討しました。いま振り返ると、「筆写しまくった」とは言えないかも知れませんが、当時はわたしなりに、資金と期間が限られた状況のなか、卒業を賭けて、死にものぐるいで古文書に取り組んだことは確かです。わたしにとって、この実戦的な筆写体験は、古文書入門コース修了のための試練であり、大学を卒業する以上にかけがえのない経験になりました。

解読力アップのコツ

このような経験を踏まえて、古文書解読力を養う心得をいくつか示しておきます。

何よりもまず、どれだけ難解な古文書でも、筆写しようとくずし字に挑む気持ちが不可欠です。最初から諦めていては、何も始まりません。

とはいえ、まったく読めない古文書では挫折してしまいます。繰り返しになりますが、テキストにする古文書は、くずし字の七〜八割を楷書体に置き換えられそうなものを選びましょう（最初は読み下せなくてもかまいません）。

できる限りの時間をかけて、少しでも多くの古文書（写真やコピーでもいいです）とにらめっこして、筆写する努力をしてみましょう。わたしの場合、学部生のころはほぼ独学でしたが、大学院生になると、指導してくださる先生と、一緒に読み合わせをする仲間ができ、学習効率は格段に高くなりました。仲間とは「この字はああだ、こうだ」と言い合えるし、先生や先輩からはアドバイスしていただけます。仲間づくりはとくに大切です。学年を超えた、古文書研究のための学生サークルをつくりましょう。

学習筆写のコツもいくつかあります。学習筆写の実例で紹介したように、しばらく検討しても読めない字は、マス目をあけて、鉛筆で薄い〇印を付けて飛ばします。読める字から読んでいきましょう。読めないくずし字を、原稿用紙のマス目のなかにみたとおりに書き写しておくのもひとつの方法です。一通り読み終わったら、大意を推測してみます。つぎにその推測に基づいて、読めなかった字を類推してみたり、辞書をかたっぱしから引いてみたりして再検討していくのです。

学習筆写の反復と、古文書を読んで書いたレポートや卒業論文の作成を通して、古文書に使われる慣用的な表現を覚えてしまえばしめたものです。古文書で使われるフレーズを知っていれば、極端なくずし字や多少の癖字・誤字でも、読み解ける可能性が飛躍的に高くなるのです。諦めないで取り組みましょう。

学習筆写の小原則

ここまで、見たまま筆写という大原則のもと、学習筆写することを薦めてきました。大原則があるからには小原則もあります。小原則には細かなルールがたくさんあります。こうしたルールを決めておけば、第三者がみても、筆写原稿から元の古文書の様子を推測することができます。古文書の元の様子がわかるということは、その史料としての価値を判断しやすいということでもあります。ここではとりあえず、文字の置き換え、つまり翻字のルールについて、最低限の説明をしておきましょう。

＊「学習筆写の小原則」は、実際に学習筆写するときに参照してください。初心者が一読して

も、すぐには内容を理解できないかもしれません。本書を通読するときは、この部分を飛ばして、第二話を先に読んでもかまいません。

【旧字・異体字・合字・踊字】古文書の文字のなかには、常用漢字にはない旧字（正字など）や異体字（異字・略字・俗字など）のくずし字も出てきます。その場合には、現行の常用漢字に改めず、旧字や異体字のまま楷書体に翻字してください。合字《ごうじ》（ゟ《より》・〆《（と）して》・[illegible]《こと》・ヿ《コト》・𪜈《トモ》・[illegible]《トキ》など）・踊字《おどりじ》（々・〻・仝・ゝ・ヽ・〱など）も同様です。いちど常用漢字に改めた文字を、もとの古文書のとおりに戻すのはたいへんです。逆に、古文書どおりの筆写原稿ならば、常用漢字に置き換えることは容易です。

【変体仮名】古文書には、漢字のくずし字を原型とする仮名文字が多くみられます。現行のひらがなともカタカナとも違う仮名文字、いわば仮名文字の異体字のことを「変体仮名《へんたいがな》」といいます。漢字として書かれた文字と比べると、多くの変体仮名は極端な草書体で、漢字よりもやや小さめに書かれています。近世文書のほとんどは漢字仮名交じり文ですから、変体仮名を原形の漢字に改めてしまうと、読みづらくなってしまいます。そのため、明らかな変体仮名は、原形の漢字ではなく、現行のひらがな・カタカナで表記するのが一般的であり、学習筆写でもそれに従っておきたいと思います。

【助詞】ただし、近世文書に特徴的な次の助詞は、慣用的といってよいほど使用頻度が高いため、基本的に漢字のまま小さく右寄せにして表記します。

而（て）　江（え、へ）　者（は）　茂（も）　与（と）　而已（のみ）　二（に）　二而（にて）

「二而」などの用法がある「二」だけは、近世文書の雰囲気をこわさないために、カタカナですが例外的に小さく右寄せします（凡例が複雑になりすぎるので、近年の翻刻では「二」を全角表示にする例が増えています）。

【印影・花押】江戸時代の古文書には、しばしばハンコ（印章）が捺してあります。紙に写るハンコの文字や模様は「印影《いんえい》」と言います。印影以外にも、署名を図案化した「花押《かおう》」（書判《かきはん》）や、それを簡略化した「略押《りゃくおう》」、筆の軸尻に墨を塗って捺した「筆尻印《ふでじりいん》」、爪に墨を塗って捺した「爪印《つめいん》」などがあります。それらは次のように表記しておきます。

㊞　[印]　（花押）　（略押）　（筆尻印）　（（爪印）　（爪印）

これらの情報は、古文書が本物か偽物か、正本か写しかなどを判断する材料となる大切な情報です。印影や花押の形を欄外に書き写しておくといいでしょう。印文《いんぶん》が読める場合は、右傍の行間に（　）書きで翻字しておくのも一法です。

【判読不能】読めない文字ができたときは、原稿用紙のマス目を字数分あけておきます。再度チャレンジするとき、読めない部分がすぐにわかるように、マス目に薄く○印をつけておいたり、運筆《うんぴつ》をなぞり書きするように写し取っておいたりするやり方もあります。最終的に誰も判読できなかったら、文字数がわかる場合は□□□、文字数がわからない場合は［　　］のように示します。

このほかにも、闕字《けつじ》（欠字）・平出《へいしゅつ》・擡頭《たいとう》（抬頭・台頭）の表記、誤字・脱字・衍字《えんじ》の表記、虫損《ちゅうそん》・破損《はそん》・汚損《おそん》・摩損《まそん》の表記など、筆写のさいに決めておくべき事項はたくさんあります。しかし、それらについては、箇条書的に覚えるよりも、学習筆写を進める過程で、先輩や教員に教えてもらったり、既刊の翻刻を参照したりしながら、実践的に覚えていくのが効率的でしょう。

第二話　古文書の内容を理解する

市川海老蔵の送り手形を読み解く

第一話の冒頭、歴史研究には、①古文書を読む、②古文書を理解する、③古文書で考える、という三段階のアプローチがあると書きました。古文書を筆写しただけでは、歴史研究にならないし、古文書を読み解いたことにもならないのです。そこでこの第二話では、図1の市川海老蔵の「送り手形の事」を素材に、その内容を解釈したうえで、時代と社会のなかで「送り手形の事」の位置づけを明らかにします。第三話では、それを踏まえて古文書群形成のプロセスを説明したいと思います。

では、あらためて市川海老蔵の「送り手形の事」を読み下し文で読んだうえで、本文を現代語訳してみましょう。ここでは見たままの改行にはしていません。

【読み下し文】

送り手形の事　　　　　　　　　　　　　　　　市川海老蔵

右の者、代々当院檀方に紛れこれ無く候ところ、此のたび貴寺御檀方に相成りたく願い出で候につき、其の意に任せ候間、其の御旦方に御差し加え下さるべく候、然る上は野院に於いて聊か異儀ござ無く候、后日のためよって件の如し

天保十三寅の六月二十二日

下総国成田

新勝寺

芝御山内

常照院 印

【本文 現代語訳】

右の者〈海老蔵〉は、先祖代々、当院〈常照院〉の檀方〈檀家〉(7)に間違いございませんが、このたび貴寺〈新勝寺〉の御檀方になりたいと願い出てまいりました。つきましては、（当院としましては）その意〈海老蔵の意思〉に任せたいと存じますので、そちら様の御旦方〈檀方〉にお差し加え下さい。そのようにお取り計らいいただいた上は、（海老蔵について）野院〈常照院〉からいささかの異議も申し上げません。後日のため（証拠の送り手形は）前文のとおり相違ございません。

＊〈 〉は人称代名詞が示す名称など、（ ）は言葉足らずなどの補足。

天保一三年六月二二日付けで、常照院《じょうしょういん》から新勝寺《しんしょうじ》に宛てて出された、市川海老蔵についての送り手形ということは、すぐにわかりますね。しかし、書かれている内容を正しく理解するためには、江戸時代にかんする多少の知識が必要です。標題にもなっている「送り手形」は、いわゆる檀家《だんか》制

(7) 江戸時代の古文書の多くは、「旦那」と表記しています。

図5　歌川國貞画「七代目團十郎の誓」（成田山霊光館所蔵）

度を背景にした、江戸時代特有の届出書類のひとつです。この古文書の差出と受取が寺院になっているのはそのためです。檀家制度についてはあとで説明することにして、まずは関係の寺院・人物について確認しておきましょう。

登場する人物・機関を調べる

差出《さしだし》（作成者）の常照院には、「芝御山内」の肩書が付けられています。芝（現在の東京都港区芝公園）増上寺《ぞうじょうじ》の山内寺院ということです。徳川将軍家の菩提寺《ぼだいじ》として名高い増上寺は、江戸時代には浄土宗の「大本山」の寺格を与えられ、「総録所《そうろくしょ》」として一宗の宗務を統轄していました。常照院は、増上寺の山内寺院のなかでも「坊中《ぼうちゅう》」「月行事《つきぎょうじ》」などと呼ばれた古跡のひとつで、大本山の事務を分担する寺院でした［大本山増上寺 一九九九］。

宛所《あてどころ》（受取《うけとり》）の下総国成田《しもうさのくになりた》（現在の千葉県成田市）新勝寺は、山号をとって「成田山《なりたさん》」、あるいは本尊の不動明王から「成田不動」「お不動さま」などと通称される、真言宗智山派《ちざんは》の名刹《めいさつ》です。現在では関東一の初詣客を集めるお寺として有名です。

そして、「市川海老蔵」は、いうまでもなく歌舞伎の市川宗家《そうけ》に伝わる名跡です。送り手形にみえるのは、当時大人気だった五代目の海老蔵（一七九一―一八五九）です。この人が五代目を襲名したのは天保三年のことで、それまでは七代目市川團十郎《だんじゅうろう》（図5、二枚組左側）を名乗っていました。現在の市川宗家では、成長にあわせて新之助→海老蔵→團十郎と名を改めていきますが、江戸時代の襲名は、必ずしもこの順序ではなかったのです。七代目團十郎は五代目海老蔵を襲名し、息子に八代目團十郎を譲ります。そのさい、家伝の荒事を「歌舞妓狂言組十八番（歌舞伎十八番）」に定めたことは、日本芸能史上に残る事績です。五代目市川海老蔵こと七代目市川團十郎は、文化文政時代を代表する役者であり、歌舞伎界における市川宗家の地位を不動のものとした人物なのです。以下、この人のことを七代目團十郎と言っておきましょう。

時代背景を調べる

「送り手形の事」によれば、七代目團十郎は、常照院の檀家をやめて（離檀）、成田山新勝寺の檀家になりたいと願い出たと書かれていました。これはどう理解したらよいでしょうか。

市川宗家が芝の常照院の檀家だったのは事実です。常照院は、市川家先祖代々の墓と位牌をまもり、長年にわたってその菩提を弔ってきました。現在でも常照院には、七代目團十郎が文政元年（一八一八）に寄進した石の手水鉢などが残されており、七代目團十郎の常照院への愛着はもとより、市川宗家と常照院との結びつきの強さがうかがえます。他方、市川宗家が代々成田不動を信仰してきたこともよく知られています。今も市川宗家の屋号《やごう》は「成田屋《なりたや》」です。こうした状況を考えると、七代目團十郎は、家の信仰と檀那寺《だんなでら》とを一致させたかったから、檀那寺の変更を願ったかのように思えてきます。

しかし、七代目團十郎の離檀には、もうひとつ別の事情があったのです。時代背景を調べることで、「送り手形の事」作成の裏側を探ってみましょう［木村 二〇一四］。「送り手形の事」が作成された天保一三年六月二二日は、グレゴリオ暦に変換すると一八四二年七月二九日にあたります(8)。みなさんもよく知っていると思いますが、この時期は天保の改革の真っ最中です。

七代目團十郎が大人気だったのは、天保の改革が始まる前の文化文政時代です。文化文政時代というのは、寛政の改革で有名な老中松平定信が失脚し、徳川家斉が将軍・大御所（前将軍）として君臨した時期なので、大御所時代とも呼ばれています。家斉は政治を寵臣にまかせ、贅沢に暮らしていたことで知られています。この時期、商業経済が活況を呈し、江戸は上方とならぶ全国経済の中心地になりました。大都市の発展にともなって、町人を中心とする庶民文化も爛熟期を迎えました。

(8) 明治６年（1873）のいわゆる明治改暦以降、グレゴリオ暦は日本でも採用されます。

しかし、大都市の発展・肥大化の裏面では、幕府財政の破綻、村の過疎化、耕作地の放棄、無宿者の徘徊、「その日稼ぎの者」の都市滞留など、深刻な社会問題が表面化していました。家斉が逝去するとすぐに、水野忠邦は幕政改革に着手します。天保一二年五月のことです。この時期の社会問題の本質はどうあれ、忠邦が真っ先に取り組んだのは、享保・寛政の両改革にならった質素倹約の徹底と風俗の取り締まりでした。

江戸町奉行所は、同年一〇月に幕府が出した奢侈禁止令を根拠にして、江戸歌舞伎を華美の象徴とみなして厳しく取り締まってゆきました。(9)とりわけ、時代の寵児七代目團十郎は格好の標的でした。「蝮《まむし》の耀蔵《ようぞう》」と恐れられた南町奉行鳥居耀蔵は、翌一三年四月六日、七代目團十郎を拘束し、直々に取り調べを行い、六月二二日に江戸十里四方追放を申し渡しています。幕府の立場にたって考えれば、当代随一の大立者《おおだてもの》を見せしめにして、改革断行の決意を四民《しみん》に知らしめたということなのでしょう。

嘘をつく古文書――古文書の行間を読む

天保一三年六月二二日付の「送り手形の事」は、まさにこの処罰にさいして作成された文書だったのです。先にみたように、「送り手形の事」を文面どおりに理解すると、七代目團十郎が「新勝寺の檀家になりたい」というので、常照院は離檀を認めて、新勝寺への送り手形をしたためたということになります。しかし、七代目團十郎がおかれていた状況を踏まえて、あらためてこの文書を

(9) たとえば、江戸の浜町・木挽町・葺屋町（現在の日本橋）にあった芝居小屋が場末に移転させられたり、役者は外出するさいに編笠着用を義務付けられたりしています。

読み直すと、少し違ったイメージが浮かび上がってくるはずです。

当時、檀那寺は居住地の近くにあるのがふつうで、移住するときには、一般的に檀那寺も変更していました。江戸を追放された七代目團十郎もまた、芝の常照院から移転先の寺院へと檀那寺を変更せざるをえなかったはずです。その際、七代目團十郎が、移住するならば成田不動の近くへ、という思いを抱いたとしても不思議ではありません。「新勝寺の檀家になりたい」という意思表示は、けっして積極的・自発的なものではなく、彼にとっては、辛うじて許された選択だったということになります。

実際の出来事は、①江戸からの追放、②芝常照院からの離檀、③成田新勝寺への檀徒籍の移動（成田への移住）、という流れで進行していました。ところが「送り手形の事」では、①をはぶき、後は逆にして③②の順に記していたのです。したがって、「送り手形の事」は、移住手続き（檀那寺の移行）のために必要最低限の内容を記したものであり（この手続きについては第三話で説明します）、事実をありのままに記したものではなかったのです。

このことは、わたしたちにいろいろなことを教えてくれます。歴史は古文書や古記録などの文献史料がなければ明らかにできません。しかし、「送り手形の事」の検討で明らかなように、古文書・古記録が、必ずしも史実を語っているわけでもありません。それらを歴史資料として読み解くためには、対象とする史料がどのような時代状況のなか、誰によって、どのような思惑や意図をもって作成されたものであるのかを、十分に理解しておく必要があるのです。古文書・古記録を活用するためのこのような手続きを、史料（資料）批判と言います。
古文書・古記録は、嘘をつくこともあれば、ごまかしたり、間違えたりすることもあるのです。しかし、「古文書の嘘」を見抜き、嘘をつく意図や間違えの影響などを知ることができれば、それもまた立派な歴史研究になります。歴史は暗記するものではありません。そんなところに、古文書を学ぶことの面白さと奥深さがあるのです。

ところで、二三頁に紹介した成田屋七左衛門書状は、とても個性的で癖の強い書体でしたね。実はあれ、七代目市川團十郎の筆跡です。江戸を追放された七代目團十郎は、成田山新勝寺末寺の延命院に蟄居し、成田屋七左衛門と称していました（図6）。彼は、成田山周辺で約一年を過ごした後、舞台をもとめて上方へ旅立っています［木村 二〇一四］。あの書状は、成田山新勝寺山主と同末寺延命院院主に、大坂での芝居興行の苦心などを伝えたものなのです［菅原 二〇一九］。書状の筆跡からは、為政者から疎まれるほど大人気を博した、稀代の歌舞伎役者、七代目市川團十郎の強烈な個性と逞しさが感じ取れるような気がします。

図6　成田山新勝寺額堂にある七代目市川團十郎の石像

第三話　古文書とは何か

「古文書群」

日本の「古文書《こもんじょ》学(10)」では、特定の差出人（作成者）が特定の受取人（宛所）に対して、意志を表明し、要件を伝達するために、文字で記したものを「古文書」と定義し（厳密な意味での古文書、狭義の古文書）、特定の宛先のない古記録や古書籍とは区別しています。この定義の場合、「古文書」の媒体は紙とは限りません。ちなみに、第一話・第二話で紹介した「送り手形の事」は、古文書学における「古文書」の要件を満たした堂々たる古文書です。

しかし、調査の現場では、古文書は単体ではなく「古文書群《こもんじょぐん》」として見つかることがほとんどです。現場で発見される古文書群とは、厳密な意味の古文書だけでなく、古記録や古書籍などを含む、古い紙資料のかたまりです。そのため、近世史研究や古文書調査の現場では、多くの場合、一緒に出てきた古文書・古記録・古書籍などを、ひっくるめて古文書あるいは文書と呼んでいます（広義の古文書。以下、本書では基本的にこちらの意味で古文書の語を使用します）［関口二〇一四］。わたしたち近世史研究者は、基本的に所蔵者・所蔵機関ごとに古文書群を把握し、古文書群名を与え（たとえば、時国健太郎家文書、曽々木区有文書など）、調査や研究を進めていきます。

石川県輪島市町野町の字南時国《みなみときくに》に所在する時国健太郎家は、江戸時代には能登国《のとのくに》鳳至《ふげし》郡《ぐん》時国村《ときくにむら》で

(10) 古文書の持つ性質を理解し，古文書に関する知識を整理し体系化する研究領域。詳しくは、佐藤［2003］などを参照してください。

図7『時国健太郎家文書目録』（二分冊の一）神奈川大学日本常民文化研究所発行、二〇〇六年

年月日 年	支	月	日	標題	作成	宛名	形態情報 原形態	現状	数	法量 縦	横	備考	採訪	文書番号 1	2	3	4
天文10		12	24	買渡申女之事	買主中村 山崎弥太郎（略押）	下町野領家方ヒツメ 時国衛門太郎殿 参	竪紙		1	29.9	41.5	▼端裏書「買券之状 山崎弥太郎」あり	1次	1			
永禄元	午戌	5	28	平大納言時忠卿御由来	則定宗八郎時兼（花押）		縦帳		1	23.7	16.3	▼寛政頃右京佑による写	3次	1			
永禄元	午戌	5	28	則貞由緒并系譜	則定宗八郎時兼 判		縦帳		1	24.8	18.9		3次	2			
永禄9		9	29	正親町上皇院宣案	左中弁	知善上人御房	切紙	前欠	1	30	18	▼料紙は薄墨紙 ▼本紙は時国信弘家にある	1次	2			
元亀3		12	16	（福光名河成につき、光福庵寺へ寄進の福光名田地を時国へ遣す旨申渡）	綱連（花押）	時国四郎三郎	竪紙		1	32.5	47		1次	3			
天正3		6	13	（時国家の船梶盗みにつき詫状）	小刀禰兵衛次郎（略押）、同殳之尉（略押）	時国四郎三郎殿 参	継紙		1	24.5	38.5		1次	4			
天正4		11	19	下野野之庄岩蔵 御年貢米同上成御算用状	四郎三郎 時国（花押）、惣百姓中、寺屋中	仁岸与三右衛門尉殿様 御申	縦帳		1	25.9	21.3		4次	2			
天正9		5	25	永代売渡申畠之事	大野村 上野次郎左衛門 矢代内、前ノ田助前小谷、新屋九郎三郎 此之谷、四郎右衛門 小谷、〈他3名〉	河西九郎三郎殿	切紙		1	25	35	▼端裏書「川西村九郎左衛門の書付写」あり	1次	5			
天正11		12	1	（ささ波村高頭の内をもって一〇俵扶持せしむるにつき申渡）	御印	佐々波村 九郎左衛門へ	切紙	前欠	1	17.3	38.0		4次	1	1		
天正12		2	10	（長意知行すゝ屋地之内行友分につき書下）	伊勝 □（花押）	時国 まいる	竪紙		1	25.7	37.1		4次	3			
天正14		3	21	天正十三年分 下町野荒御検地之事（検地打渡状）	森川 善右衛門（花押）、三輪 藤兵衛（花押）、田辺 作内介（花押）	下町野組 御百姓中	切紙		1	29.5	21.5		1次	6			

庄屋を勤めていた家柄です。このお宅には、今でも万を超える厖大な古文書群が伝わっています。**図7**は『時国健太郎家文書目録』（神奈川大学日本常民文化研究所刊行）の冒頭部分です。この古文書群にはどのような古文書が含まれているのか、その一端を知ることができます（時国家の調査については第四話でお話します）。

この例のように、江戸時代から続く村や町の旧家（名主・庄屋、組頭などの旧村役人宅、地主や商人の家など）には、一軒に数百点・数千点・数万点の古文書群が伝わっていることがあります。すでに江戸時代、支配・行政上の手続きは、原則的にすべて文書によって行われていました。いわゆる文書主義です。文書による行政運営の始まりは、律令制度のころにさかのぼりますが、江戸時代の文書主義は、武士だけでなく、庶民も読み書きできることを前提に成り立っていました。そのため、民間にも文字文化が浸透し、村役人などを勤めた旧家には、公私にわたる文書・記録類が蓄積されることになったのです［関口 二〇一〇］。日本が「古文書大国」と呼ばれるゆえんです［福田 二〇一三］。

それでは、古文書群はどのように形成されていったのでしょう。引き続き「送り手形の事」を例に、その一端を探っていきます。

送り手形にみる文書蓄積の仕組み

第一話・第二話で取り上げた「送り手形の事」は、市川海老蔵（七代目市川團十郎）の移住手続き書類のひとつでした。追放刑による移住は少し特殊ですが、送り手形（宗門送り一札、宗門送り状などともいう）自体は、全国のどこでも作成された、ごく一般的な文書形式なのです。送り手形をとおして、古文書群が蓄積された理由を考えてみましょう。

この形式の文書が成立する背景には、村や町ごとに作成されていた「宗門人別改帳《しゅうもんにんべつあらためちょう》」(11)と呼ばれる住民登録台帳がありました。四代将軍徳川家綱の治世（一六五一～一六八〇）にあたる万治二年（一六五九）、江戸幕府は、キリシタン禁制を徹底するために、すべての人を仏教寺院の檀家にし（檀家制度）、寺院にその証明をさせる政策を推進しました（寺請《てらうけ》制度）。寛文一〇年（一六七〇）には幕府直轄領に、翌年には全国に宗門人別改帳の作成を命じ、各地の寺院は、檀家一人一人の身元を証明するため、宗門人別改帳に「宗判《しゅうはん》」と呼ばれる証明印を捺し、檀家がキリシタンではないことを証明させようとしたのです（**図8**　宗門人別改帳の記載例）。

幕府にとってキリシタンが脅威でなくなった一八世紀には、宗門人別改帳は戸籍としての役割を強めていきます。婚姻や移住、奉公稼ぎなどで転居するときには、現住所地の宗門人別改帳から除籍し、新住所地の宗門人別改帳へ入籍するという、一連の手続きが必要になったのです。そして、第二話で述べたように、檀那寺は居住地の近隣にあるのがふつうでしたから、宗門人別改帳の登記上の移動は、基本的に檀那寺の変更をともなっていたのです。

図9は、宗門人別改帳による人の移動管理システムを簡略な図に表したものです。市川海老蔵の「送り手形の事」は、図中の宗門送《しゅうもんおく》り一札《いっさつ》に相当する文書です。こうしてみると、宗門送り手形が

(11) 宗門御改帳、宗門人別帳、宗旨改帳などともいいます。帳面の名称は地域や時期によっていろいろです。

○江戸時代の村や町では、毎年、こんな住民台帳を作成して、役所に提出した。
地域の名主さんや庄屋さんの家には、その控えが残された。

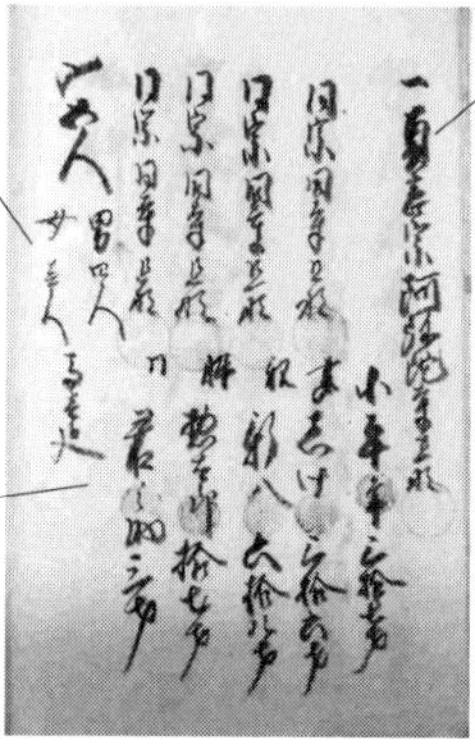

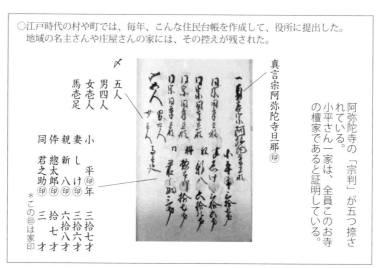

図8　宗門人別改帳の記載例（神奈川大学日本常民文化研究所所蔵）

作成される背景には宗門人別改帳があり、宗門送り手形とほぼ同時に宗門請取一札《しゅうもんうけとりいっさつ》（宗門受取手形、宗門受取一札などともいう）も発給されていたことがわかるでしょう。

また、**図10**に示したように、江戸時代の人たちが旅をする場合には往来《おうらい》手形《てがた》、奉公人として働きに行く場合には奉公人請状《ほうこうにんうけじょう》が必要になりますし、それらとは別に「寺請状《てらうけじょう》」（寺請証文などともいう）という身元保証書を作成してもらわなくてはなりません。各文書の作成者はさまざまで、往来手形の場合は村や町の名主・庄屋や檀那寺（旦那寺とも書く）、奉公人請状は請人《うけにん》・人主《ひとぬし》あるいは名主・庄屋、寺請状ならば檀那寺が発給しました。とくに寺請状という身元保証書は、宗門人別改帳と連動することでその効力を発揮しました。

江戸時代には、幕府や藩による支配・行政は

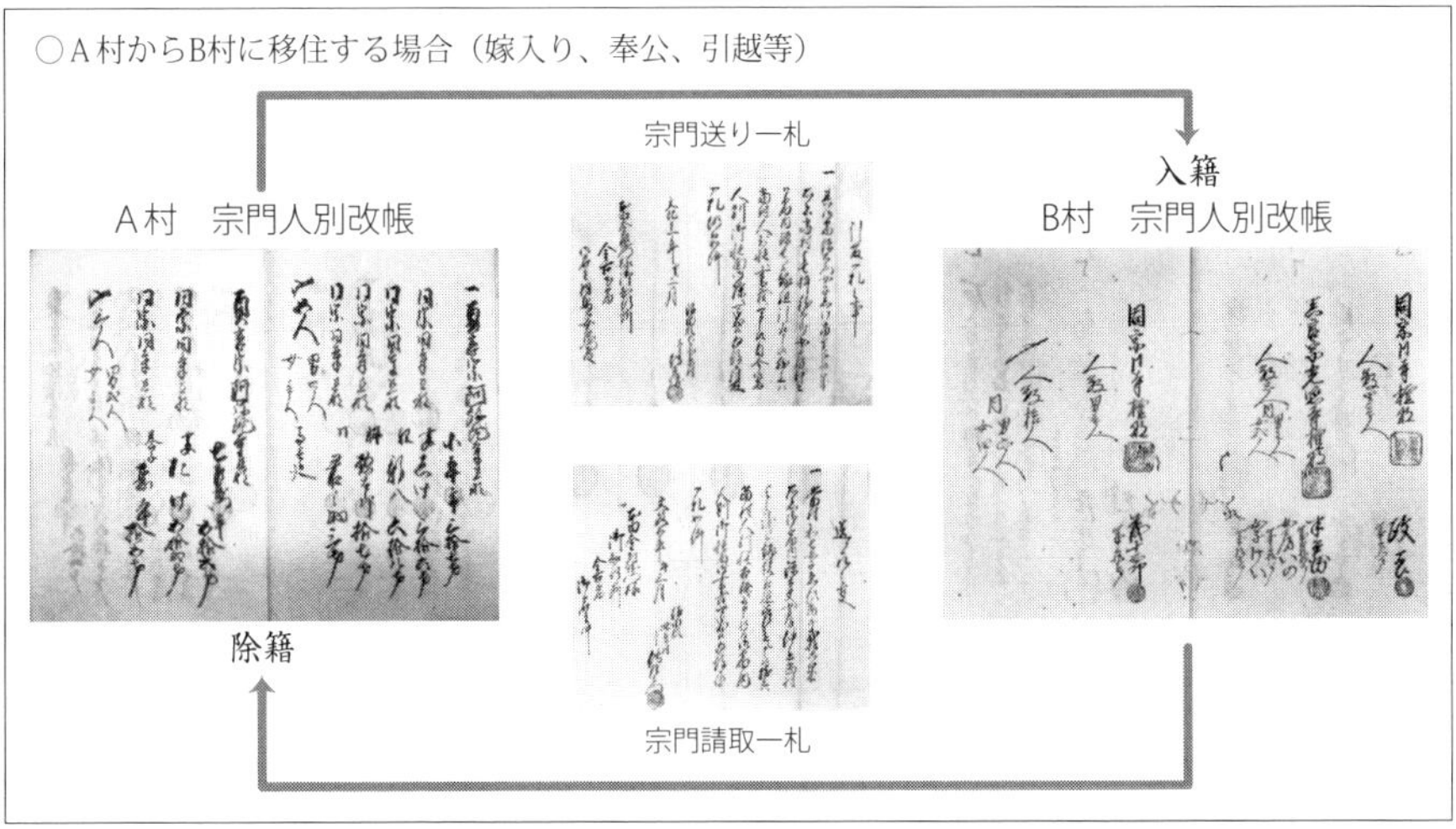

図９　宗門帳による移動管理システム（左／日本常民文化研究所、中央上・下・左／群馬県立文書館所蔵）

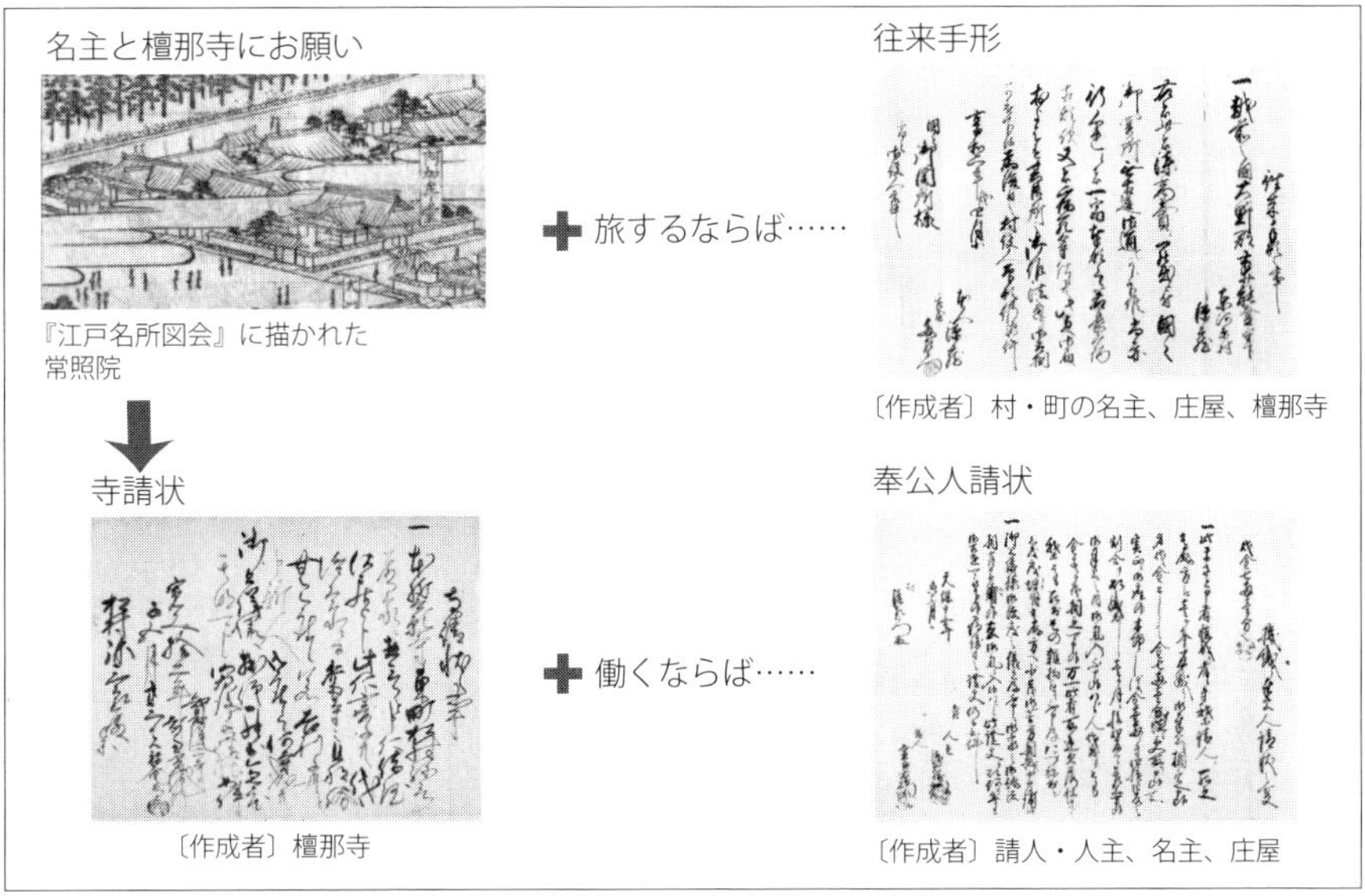

図10　移動に必要な書類の例（左上／国立国会図書館、左下／早稲田大学図書館、右上・下／群馬県立文書館所蔵）

もとより、村町行政においても文書主義が相当程度に浸透していました。ここで紹介した宗門人別改帳をめぐる戸籍事務だけでなく、村政、年貢諸役、土地取引、金銭貸借、訴訟など、多岐にわたる事務が、統一的な書類書式によって作成された文書（書類）によって処理されていたのです。名主や庄屋を勤めた旧家には、このような行政文書だけでなく、商業取引上の書類、私的にやりとりした書状、個人の日記や学習記録など、実にさまざまな文書や記録が蓄積し、時を経て古文書群として受け継がれたのです。

古文書のくずし字を判読し、内容を読み解くときは、一字一句を大切に、丁寧に検討していく必要があります。しかし一方で、近年の史料管理学や歴史民俗資料学などでは、古文書を単体のテキストとして研究するだけではなく、古文書群の保管状態（現状）にも注意を払って検討しています。ほとんどの古文書が、単体ではなく、古文書群の一部として受け継がれているからです。したがって、たった一点の古文書を読み解くためにも、それを誰がどのように作成し、誰が管理し、誰に伝え、どのような状況のもと、どのような文書と一緒に、どのような場所や容器に収納してきたのかなど、古文書群全体のなかで理解し、評価することが求められるのです。

古文書の形態

ところで、市川海老蔵の「送り手形の事」のような古文書の形を「竪紙《たてがみ》」といいます。古文書群のなかには、竪紙をはじめ、いろいろな形の古文書・古記録が含まれています。わたしたちは、古文書の形のことを「形態」と呼んでいます。図11によりながら、よくある形態について説明しておきましょう。

竪紙という形態は、手形・証文類だけでなく、年貢割付状《わりつけじょう》・年貢皆済目録《かいさいもくろく》、訴状・願書など、正式で改まった文書に用いられました。一般的に、竪紙は「文書の料紙（関口註…次項を参照）の正式の用法で、全紙をそのまま横長に用いるもの。略式の折紙・切紙に対していう」と説明されています（『広辞苑』第六版）。しかし、これだけでは説明が不十分です。

全紙とは、漉いたままの原紙を指しますが、そのサイズは紙漉き道具である漉簀《すきず》や桁《けた》（両方あわせて簀桁。五七頁の図12-hを参照）の大きさに左右されます。簀桁の大きさは産地や職人によって異なるので、現在のコピー用紙のように統一された規格はありません。徳川御三家の専用紙とされた美濃紙《みのがみ》（美濃判《みのばん》。九寸×一尺三寸程度。一寸＝三〇・三ミリくらい、一尺はその一〇倍）などは、大きさの目安になると思います。

また、「全紙をそのまま」とはいうものの、多くの場合、「耳」と呼ばれる周囲の漉きムラ部分は裁ち落としてあります。横長に置いて使えば、漉き目（紙の繊維の方向）にそって縦書きできます。ちなみに、習慣にはずれたことを無理に押し通すことを、「横紙破り」とか「横紙使い」とか言いますね。竪紙とは逆に、横紙は漉き目を横に用いることです。非常識で無作法な料紙の使い方ということになります。

竪紙をはじめ状物《じょうもの》（冊子ではなく一紙の文書。一紙物《いっしもの》）の上部は「天《てん》」、下部は「地《ち》」、右端は

図11　古文書の形態

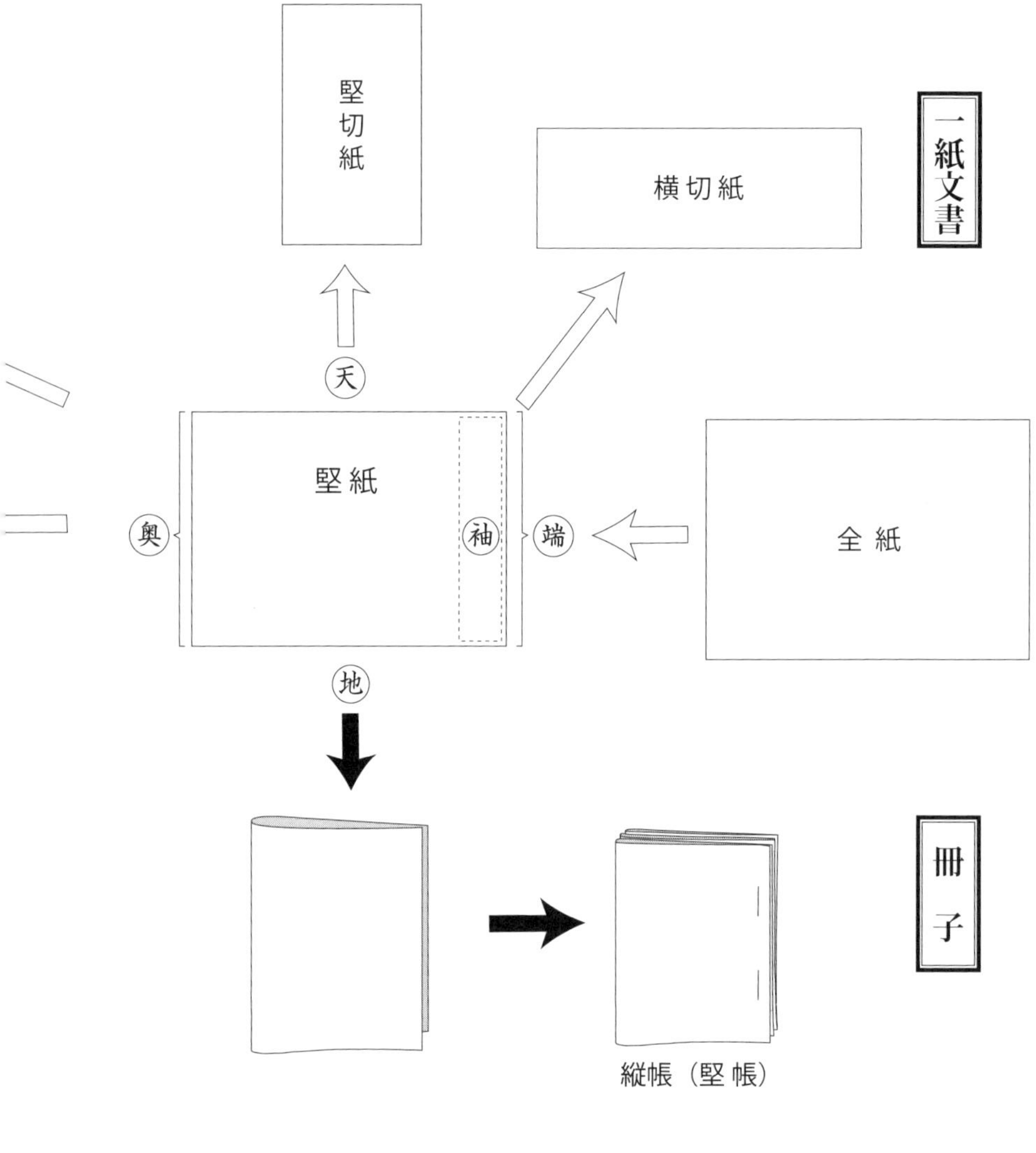

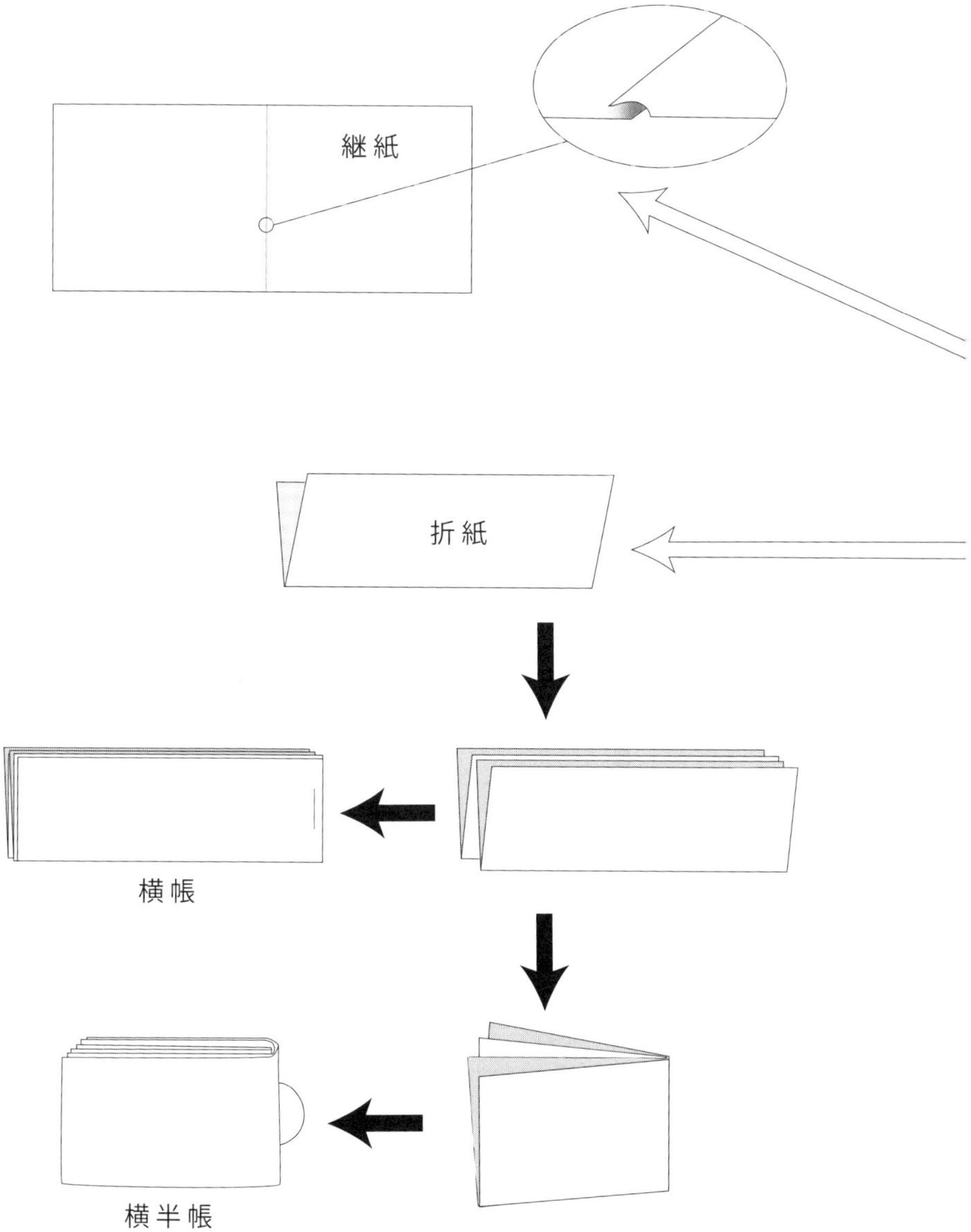
継紙
折紙
横帳
横半帳

「端《はし》」、左端は「奥《おく》」と言います。ほとんどの状物は、奥側から端側へと表面を内側に巻いていって、最後に折り目を付けています。折りたたんだ状物の端の裏側には、標題や見出し、年月日、名前など、文書の摘要が書かれていることがあります。これを端裏書《はしうらがき》といいます。また、表面の端から本文までの余白の部分は袖といい、ここに本文と同筆で追記された文を「追而書《おってがき》」とか「尚々《なおなお》（猶々）書」とか呼びます。

以下、竪紙を起点に、古文書の形態についていくつか説明しましょう。

継紙《つぎがみ》（竪継紙《たてつぎがみ》）は、複数の竪紙を横に糊で継いだものです。継目の裏面には捺印されている場合が少なくありません。その印影を継目裏印《つぎめうらいん》（継目裏判）といいます。竪紙と同様、継紙も正式で改まった文書に使用されました。

折紙《おりがみ》は、竪紙の天と地を合わせるように横に二つ折りにした形態です。通常、二つ折りのまま、表も裏も折り目を下にして右側から左側へと縦書きしていきます。竪紙に比べて略式とされ、近世には書状や鑑定書など幅広い用途に使われていました。

切紙《きりがみ》とは、竪紙を切って使った紙片のことです。同じ切紙でも、横に切ったものは横切紙《よこきりがみ》、竪に切ったものは竪切紙《たてきりがみ》といいます。竪切紙は、略式の領収証（受取手形など）や切手（米切手など）などによく使用されています。切紙を糊継ぎした形態は切継紙《きりつぎがみ》といいます。江戸時代の人びとは、横切紙を長く糊継ぎした巻紙《まきがみ》を用意しておいて、気軽に書状を書いたりしていました。巻紙を手に持ったままさらさらと筆を走らせ、適当な長さで裁断して使ったのです。裁断すると、大抵は複数の横切紙を糊で継いだ状態になります。その状態を横切継紙と呼びます。

状物には　包紙《つつみがみ（ほうし）》や封紙《ふうし》をともなうものもあります。包紙も封紙も文書を包む紙ですが、後者は糊付けして封緘したもののことです。横切継紙の書状のなかには、竪紙の文書とは逆に、文字面を外側にして、端から奥へと巻いていき、奥に記された日付や差出・宛名が一目でわかるように折りたたんだものが少なくありません。こうすれば宛名を記す包紙がいらず、貴重な紙の節約になったからです（折紙の書状や竪紙の証文などでも、同様の仕方で折りたたんでいるケースはあります）。

状物・一紙物のつぎは、冊子（帳面）をみていきましょう。

縦帳《たてちょう》（竪帳）は、竪紙を縦二つ折りにして複数枚重ね、紙縒《こより》・麻紐・絹糸などで袋綴じにした帳面です。さきほど紹介した宗門人別改帳のほか、検地帳《けんちちょう》や村明細帳《むらめいさいちょう》など、多くの公式帳簿に採用されている形態です。

古文書調査の対象となる冊子のほとんどは、特別な表紙をかけず、背の側を紙縒（ときおり麻紐）で一～二カ所綴じただけの簡便な装いになっています。紙縒というのは、短冊状に細長く切った和紙を縒《よ》って紐状にしたものですが、意外に丈夫なものです。絹糸で綴じる場合は、厚手の表紙をかけて四目《よつめ》綴じ（五目、六目もある）にされています。いわゆる和綴《わとじ》（明朝綴《みんちょうとじ》とも）の仕立てで、古書籍（和本）はほとんどこの形態になります。

横帳《よこちょう》は、竪紙を折紙のように横二つ折りにして複数枚重ね、右端を背にして紙縒などで綴じたもので、長帳《ながちょう》とも呼びます。ほとんどの横帳は、下部を折り目にして上部が開くように綴じています。年貢や小作料などの算用帳《さんようちょう》、大福帳《だいふくちょう》などの経営帳簿、日記類などに、この形態がよく使われています。上部を折り目にして下部が開くように綴じた横帳は、香典帳《こうでんちょう》や法事関係など、家人の不幸にかかわるものがほとんどです。

横半帳《よこはんちょう》は、折紙状の紙を複数枚重ね、中央で縦に二つ折りして、折り目の部分に穴をあけて紙縒や絹糸などで綴じたものです。ハンディなので、野帳や旅先の日記帳などに使われました。綴じ目に紙縒の持ち手を付けて、より持ち運びやすくした横半帳もあります。

そのほか、図11には含まれていませんが、袋綴じにせず、一穴だけの簡便な紙縒綴じにした、単に綴《つづり》と呼ばれている形態もあります。綴の多くは、帳面に仕立てるまでもないまとまりのないもの、雑多な覚書の類をとりあえず綴《と》じたものです。

以上のように、広い意味での古文書には、さまざまな形態がありました。これらを作成した江戸時代の人びとは、用途によって形態を使い分けていたのです。つまり、古文書の形態は、古文書を理解するうえで、重要な情報ということになります。

古文書の料紙（いわゆる和紙）

古文書などの書きものをする用紙のことを料紙《りょうし》といいます。使用の「料とする紙」の意味です。江戸時代以前の古文書の料紙はいわゆる和紙です。そもそも「和紙」とは、明治時代にヨーロッパから輸入されるようになった「洋紙」に対し、日本列島在来の独自の原料と製法で手漉きされた紙を指す言葉です。江戸時代には「和紙」という言葉はなく、単に「紙」と言っていました。「紙」の起源は古代中国にさかのぼりますが、日本列島の住人たちは、列島各地に原料を見出し、独自に製法を発展させてきました。

江戸時代の主要な紙は楮紙《こうぞし》（ちょし・こうぞがみ）・雁皮紙《がんぴし》（斐紙《ひし》）・三椏紙《みつまたし》で、それぞれ楮（クワ科）・雁皮（ジンチョウゲ科）・三椏（同上）の樹皮を原料としています。原料それぞれの特徴については、「全国手すき和紙連合会」のホームページの簡にして要を得た説明を参考に、さらに抜粋して紹介しておきましょう(12)。

【楮】クワ科の落葉低木で、成木は三メートルあまりになり、栽培が容易で毎年収穫できます。陽性植物で強い日照を好むので、暖かい南面の山腹傾斜地が栽培に適しています。収穫は、落葉から翌年発芽する前まで（一二月〜一月頃）に行ない、毎年収穫できます。本格的に収穫できるのは三年目ごろからです。株の寿命は二〇〜三〇年といわれていますが、一〇〇年経た古株でも収穫できるものもあるようです。繊維は太くて長く強靭なので、和紙原料として最も多く使用されています。

【雁皮】ジンチョウゲ科の落葉低木で、成木は二メートルあまりになります。繊維は細くて短く、光沢がある優れた原料ですが、成育が遅く栽培がむずかしいので、主にやせた山地に生育する野生のものを採取して使用します。かつては謄写版原紙用紙の原料として大量に使用されていましたが、複写機が普及して以来、急激にその使用量が減少しました。現在は金箔銀箔を打ちのばす箔打ち紙、襖の下張り用の間似合紙《まにあいがみ》などに使用されています。

(12)「全国手すき和紙連合会」ホームページ（www.tesukiwashi.jp/　2021年1月13日閲覧）。［田中 2018］［有岡 2018］なども参照してください。

図12-a　「冬楮苧苅とる図」

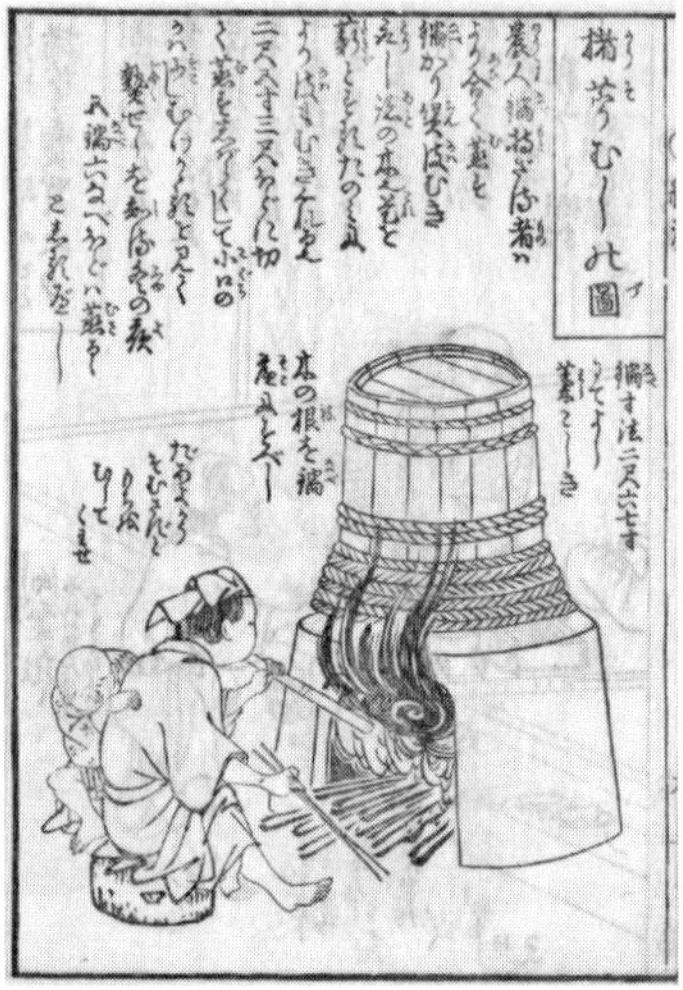

図12-b　「楮苧むしの図」

【三椏】　ジンチョウゲ科の落葉低木で、成木は二メートルあまりになり、苗を植えてから三年ごとに収穫できます。収穫期は、一一月下旬から四月ころまでで、三年目から三年ごとに収穫できます。株の寿命は三回収穫するまでといわれていますが、それ以後も収穫できることもあります。繊維は柔軟で細くて光沢があり、印刷適性に優れているので、局納三椏として大蔵省印刷局に納入され、世界一の品質を誇る日本銀行券（紙幣）の原料として役立っています。手漉き和紙への使用量はわずかです。

　楮紙・雁皮紙（斐紙）・三椏紙のなかでも、江戸時代の文書の料紙に、最もよく使われているのが楮紙です。寛政一〇年（一七九八）に上梓された国東治兵衛《くにさきじへえ》作『紙漉重宝記《かみすきちょうほうき》』という版本には、当時の製紙工程が図解されています。国東治兵衛は、石見国遠田《いわみのくにとおだ》（島根県益田市）の

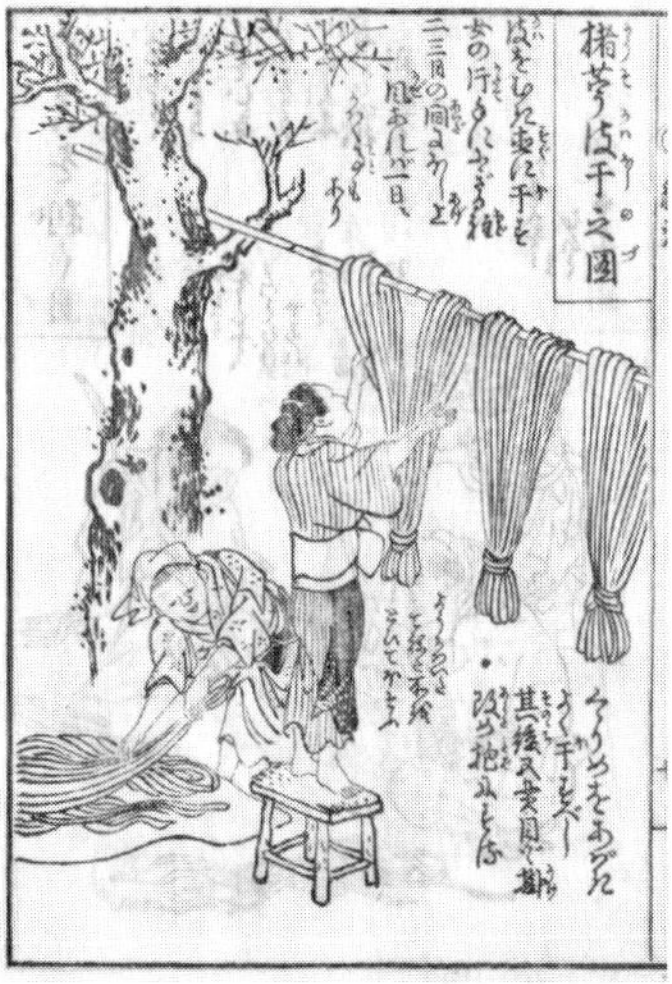

図12-d 「楮苧皮干之図」

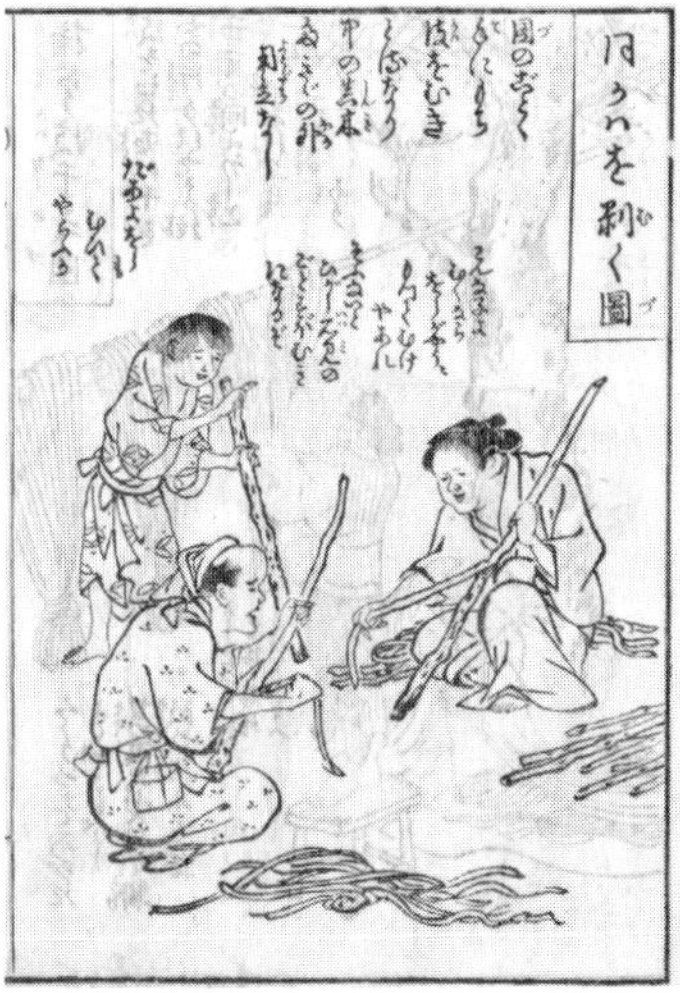

図12-c 「同かハを剥く図」

紙問屋の出身で、石州半紙《せきしゅうはんし》を興隆・普及した人物として知られます。以下、文政七年（一八二四）版の『紙漉重宝記』の挿画とその見出しで、石州半紙ができるまでをたどってみましょう(13)（図12-a〜i）。なお、同書では、楮を「楮苧」と書き、「かうそ」「くさかみ」と訓ませています。

① 「冬楮苧苅とる図」（旧暦一〇月、楮枝の刈り取り、**図12-a**）
② 「楮苧売買之事」（原料の取り引き）
③ 「楮苧むしの図」（三尺に切りそろえて蒸す、黒皮、**図12-b**）
④ 「同かハを剥《む》く図」（黒皮を剥ぐ、**図12-c**）
⑤ 「楮苧皮干《かわほし》之図」（黒皮を干す、**図12-d**）
⑥ 「同売買《うりかい》の事」
⑦ 「同皮を漬置く図」（楮の皮を川水に漬ける）
⑧ 「同うす皮を削《けずる》図」（黒皮の表皮を削り取る、**図12-e**）

(13) 国立国会図書館デジタルコレクション　https://dl.ndl.go.jp/info:ndljp/pid/2537086（2021年1月13日閲覧）。

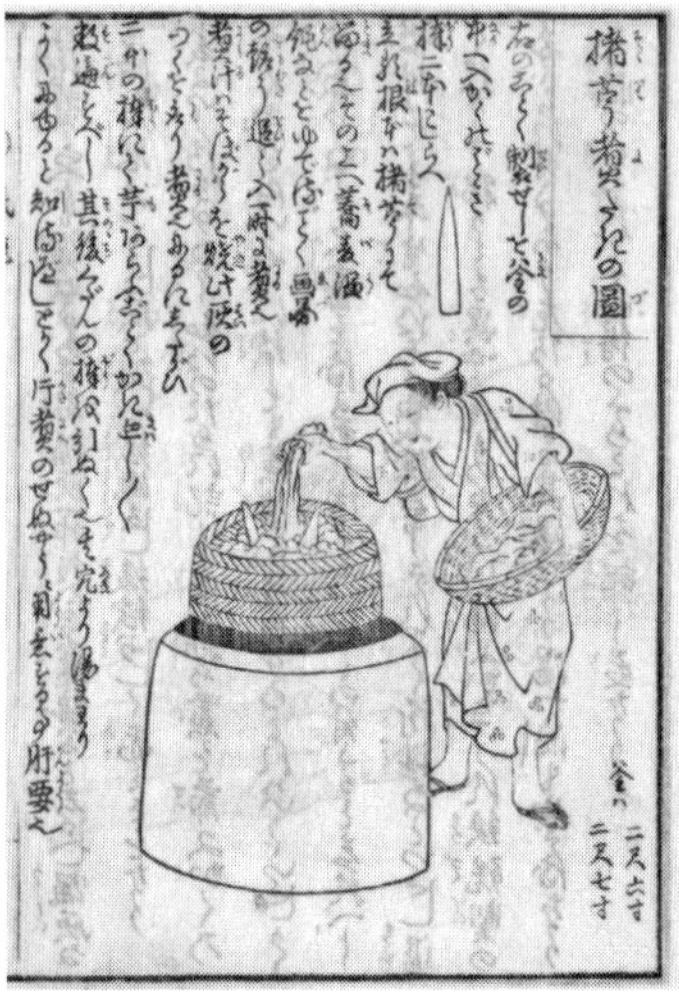

図12-f　「楮苧煮たきの図」

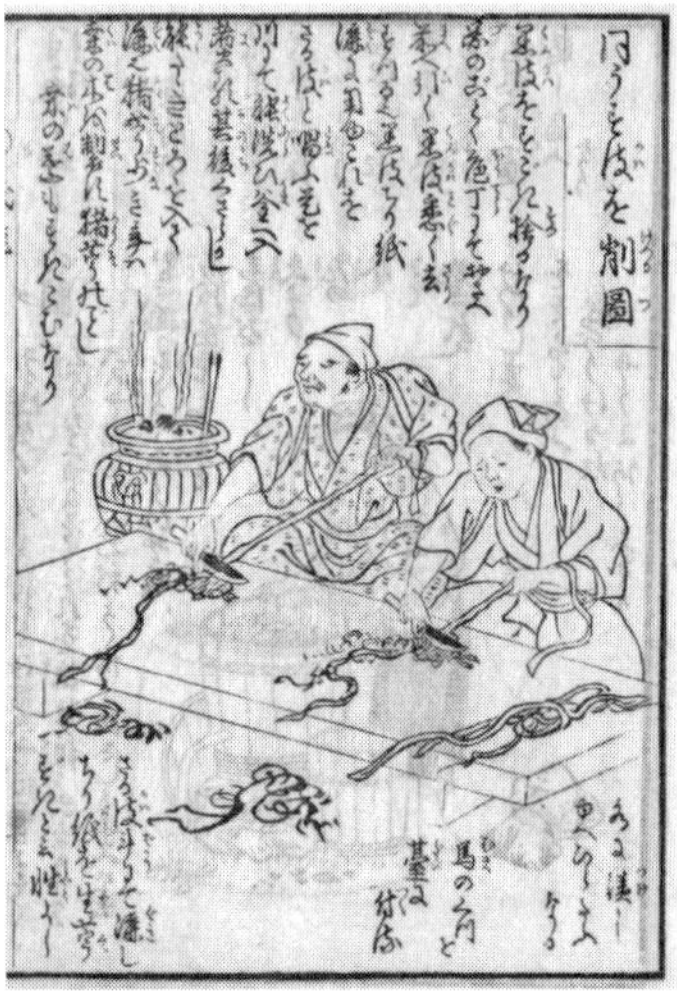

図12-e　「同うす皮を削図」

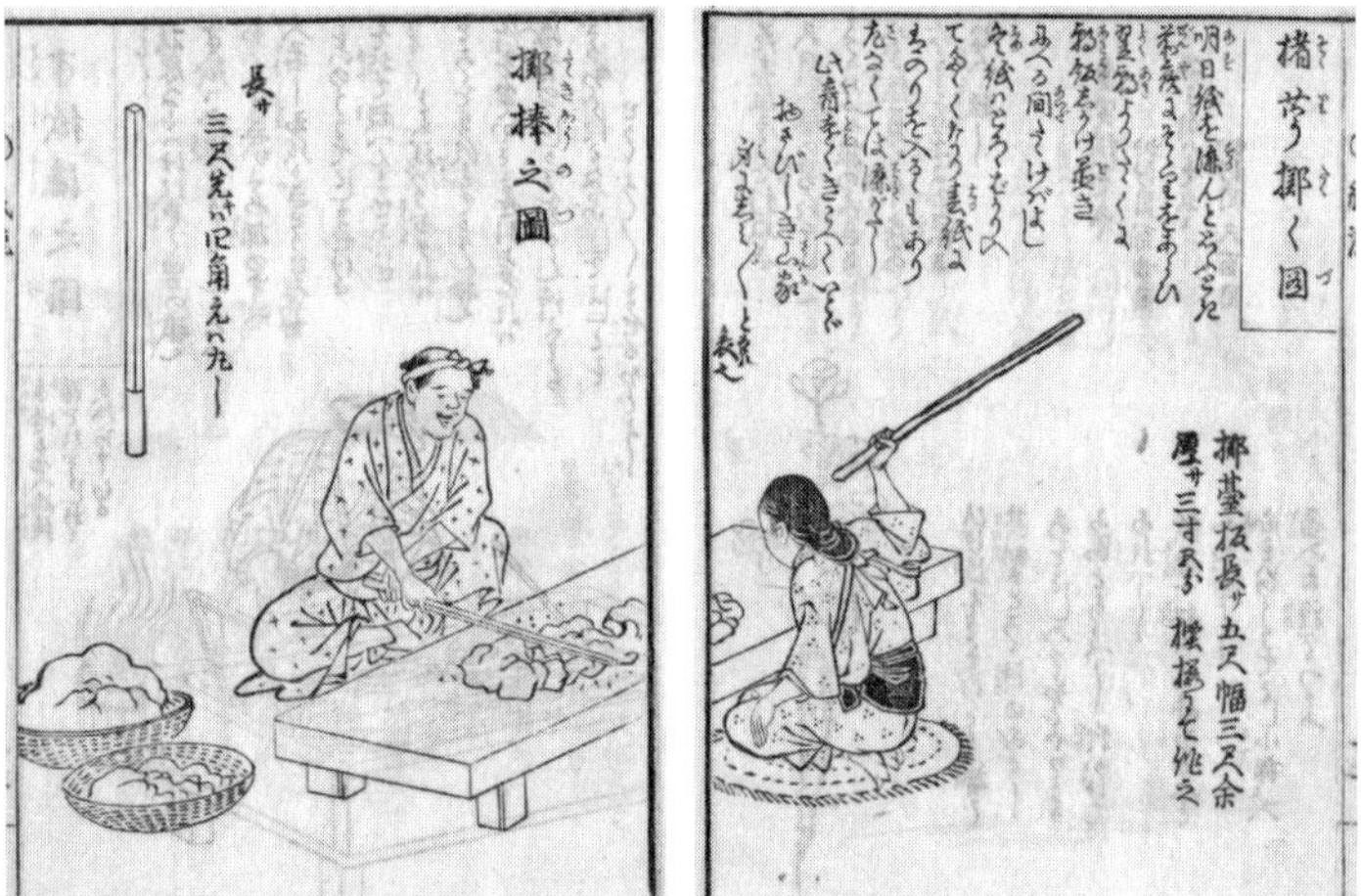

図12-g　「楮苧擲く図」

図12-h　「半紙漉之図」

図12-i　「紙干之図」

⑨「同あく出しの図」（漂白し「そそり（白皮）」にする）
⑩「楮苧煮たきの図」（白皮を釜で煮る、図12-f）
⑪「楮苧再《ふたたび》あらふ図」（ごみをとる「塵取り」）
⑫「楮苧擲《たた》く図」（束状になった繊維を叩解《こうかい》する、図12-g）
⑬「半紙漉《すく》之図」（紙漉き、図12-h）
⑭「紙干《かみほし》之図」（天日で乾燥させる、図12-i）
⑮「半紙《はんし》裁切《たちきる》図」（定規をあて裁断する）
⑯「半紙仕立《したつ》る図」（束にする）
⑰「俵《ひょう》つくりの図」
⑱「浜出し乃図」（出荷）

紙の製造工程は複雑で、作業は神経も体力も使ったことでしょう。二〇〇五年頃、越前和紙のある工房を見学させていただいたことがあります。そのとき伺った話によると、紙作りは冬

＊　図12-a〜i、国立国会図書館所蔵

の極寒のなかの作業が大半で、「塵取り」などはとくに辛い仕事なのだそうです。右の見出しをみても、わたしたちの和紙作りのイメージともいえる「紙漉き」は、全工程の一割にも満たないことがわかります。

江戸時代の製紙のほとんどは、百姓の「農間《のうかん（のうま）》稼ぎ」として行われ、貴重な現金収入源になっていました。②⑥⑱などの見出しは、江戸時代の製紙が商品貨幣経済に巻き込まれていたことを示すものです。製紙業の発展は、民間人も含めて展開した文書主義の背景のひとつでもあったのです。

なにはともあれ、日本に伝わる前近代の古文書は、いわゆる和紙を料紙としていました。楮・雁皮・三椏などの樹皮の靭皮繊維《じんぴせんい》を原料とする和紙は、顕微鏡写真（**図13～15**）にみられるとおり、樹皮の繊維だけで成り立っています。洋紙の場合は、パルプ繊維を粉々に砕き、紙質強化剤などの

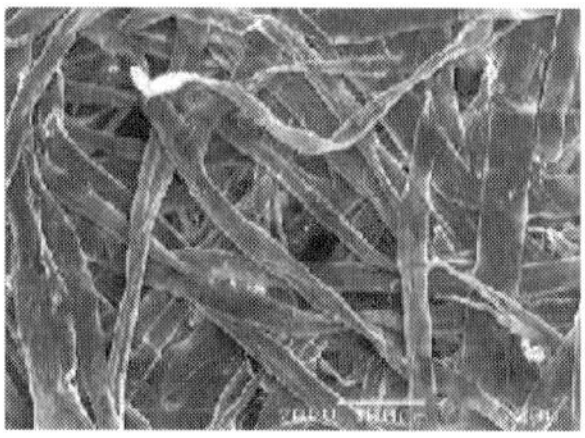

図13　楮を原料にした紙

図14　雁皮を原料にした紙

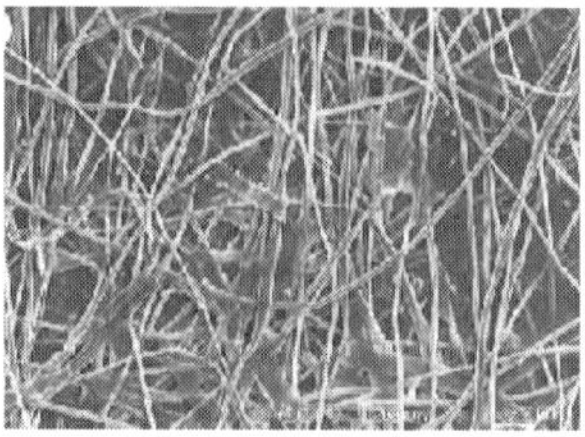

図15　三椏を原料にした紙

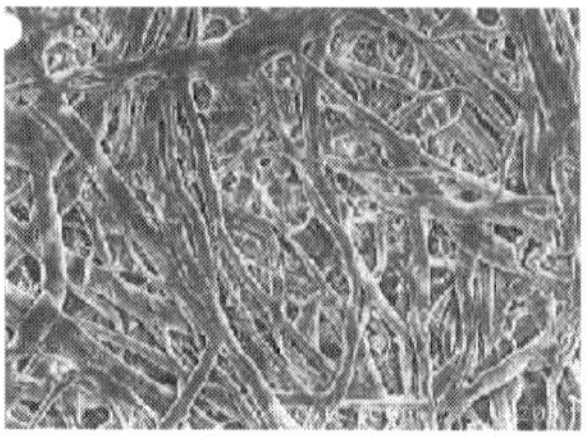

図16　コピー用紙

＊　図13～16の写真、いずれも電子顕微鏡で200倍にしたもの（富士山かぐや姫ミュージアム所蔵）

薬剤を混入し大量に抄紙《しょうし》して、サイジング剤でコーティングしています（図16）。これに対して和紙は、長い靭皮繊維をセルロース結合させただけのシンプルな構造なので、しなやかで耐久性に優れた紙になっているのです。しなやかで強靭な和紙だからこそ、冊子を綴じる紙縒を作れるし、虫に食われて破損した古文書の修理にも使えるのです。

取り扱いの心得

江戸時代以前の古文書は、いわゆる和紙を料紙としており、しなやかで耐久性に優れていると書きました。とはいえ、紙でできた古文書が、繊細で脆弱な文化遺産だということを忘れてはいけません。ましてや、ほとんどの古文書群のなかには、明治時代以降の近現代文書も含まれています。劣化しやすい洋紙の文書も少なくありません。古文書を閲覧、筆写、撮影、整理するさいには、破損したり、汚したり、失くしたりしないよう、十分に注意する必要があります。

第三話の最後に、古文書取り扱いの心得を箇条書きにしておきます。古文書の保存・活用等についてのマニュアルは、全国各地の文化財係や博物館などの資料（史料）所蔵機関がインターネットなどでも公開しています。ここに列挙したのは、あくまでも初心者のための心構えです。

【清潔】

・古文書の近くでは、飲食や喫煙をしない。
・古文書を取り扱うさいは、手指をきれいに洗い、皮脂を付着させないように注意する。

・古文書に汗、鼻水、よだれなどを垂らさない。
・古文書に唾やくしゃみを飛ばさない。

【取り扱い】
・古文書は清潔で平らな机の上に置いて閲覧する。
・古文書に書き込みしない。
・古文書にテープや市販の付箋を貼らない。
・古文書をホチキスでとめない。
・古文書の形を変えない（巻き方を変更するなど）。
・古文書を踏まない。
・古文書を放り投げない。
・古文書に不必要な力をかけない（引っ張るなど）。
・破損の著しい古文書を無理に開かない。

【調査用具】
・古文書の近くでは、鉛筆を使用する（シャープペンは不可）。インク入り筆記具は使わない（万年筆・ボールペン・マジック・蛍光ペンなど）。
・古文書を傷付ける可能性のある物（カッター・ハサミ・千枚通し・シャープペン・指輪・腕時計など）は、近くに置きっぱなしにしない。

第四話　古文書群の調査——日本常民文化研究所の調査から

常民研の古文書群調査

ほとんどの古文書は、単体ではなく、古文書群として伝来するといいました。つまり、一般的に「古文書調査」という場合、その多くは古文書群の調査をともないます。この第四話では、神奈川大学日本常民《じょうみん》文化研究所による古文書群調査の事例として、奥能登の時国家《ときくにけ》文書と伊予の二神家《ふたがみけ》文書の調査を取り上げ、古文書を群として把握することの意義を説明します。

その前に、日本常民文化研究所とは何なのか。研究所の歴史をかいつまんで紹介しておきましょう。日本常民文化研究所の前身は、一九二一年（大正一〇）に渋沢敬三が創立した「アチック・ミューゼアム（屋根裏の博物館）」にさかのぼります。渋沢による地域調査は、北は北海道から南は南西諸島、日本統治下の朝鮮半島や台湾（当時）にまで及びました。その後、アチック・ミューゼアムは、一九四二年（昭和一七）に日本常民文化研究所と改称し、戦後の一九五〇年（昭和二五）には財団法人日本常民文化研究所となります。渋沢は、一九六三年（昭和三八年）に亡くなりますが、一九八一年（昭和五六）、日本常民文化研究所は神奈川大学の付置研究所となり、正式名称を神奈川大学日本常民文化研究所と改めました［越智二〇一四］。

アチック・ミューゼアム時代の一九三七〜三九年には、『豆州内浦漁民史料《ずしゅううちうら》』（全四冊）が刊行されています。同書は常民生活にかかわる古文書群調査の嚆矢であり、戦後の財団法人日本常民文化研究所、神奈川大学日本常民文化研究所の古文書群調査につながる、象徴的な業績といえるでしょう。

『豆州内浦漁民史料』の豆州とは伊豆国《いずのくに》の略称で、内浦は伊豆半島の駿河湾側、現在の沼津市のあたりをさします。この史料集は、江戸時代の長浜村の津元《つもと》（大規模漁業の経営者）大川四郎左衛《しろうざえ》門《もん》家文書を翻刻したものです。一九三二年、病気静養のために訪れていた伊豆西海岸で、渋沢はたまたま大川四郎左衛門（当時）と出会い、漁業の歴史や漁具・漁法について知り得る大量の古文書が伝わっていることを聞いたのです。それが史料集刊行のきっかけでした。

戦前・戦中の歴史研究において、常民（ふつうの人びと）の古文書は、研究対象＝「史料」とはみなされていませんでした。渋沢による『豆州内浦漁民史料』の刊行は、常民や地域の歴史の研究、古文書群の調査・保存活動などの先駆けとなりました。敗戦後はこのような調査が普及していきます。

以下、財団法人日本常民文化研究所から神奈川大学日本常民文化研究所へと継承された、二つの古文書群調査の事例を紹介しましょう。

奥能登時国家文書の調査（石川県輪島市）

日本常民文化研究所による奥能登地域の調査は、一九五一年の夏、渋沢敬三が時国復一郎《またいちろう》家（現

図17　時国健太郎家住宅（石川県輪島市）

在の健太郎家）を訪問したことを機にはじまります。時国家は、中世には下町野荘《しもまちののしょう》の時国名《みょう》の名主《みょうしゅ》として、江戸時代には時国村の庄屋などとして活躍した旧家です。中世のことは詳しくわかりませんが、江戸時代には常に百人以上の譜代《ふだい》下人《げにん》を抱え、奥能登を代表する大百姓と目されていました。

　一九五〇年代前半、日本常民文化研究所の古文書整理を担っていたのは、主として月島分室（漁業制度資料調査委員会事務局）という部署でした。このころ奥能登は、渋沢が会長を務めた九学会《きゅうがっかい》連合の共同調査地（一九五二～五三年）に選ばれるとともに、全国津々浦々に及んだ漁業制度資料の調査地にもなりました。

　一九五一年七月末から翌五二年の末にかけて、漁業制度資料調査委員会委員長の宇野脩平《しゅうへい》、同常任委員の宮本常一《つねいち》のほか、事務局に勤務した十余人の若手研究者たちが、競うように奥能登におもむき、旧家や漁協などの諸機関が所蔵する古文書を借り出しました。当時の古文書調査は、借用した古文書を月島分室に送り、カーボン紙を挟んだ原稿用紙に筆写するというものでした。現在、神奈川大学日本常民文化研究所と中央水産研究所図書史料館に保管されている筆写稿本、原稿用紙（二五〇字詰）約三万枚分は、月島分室による五年間の調査活動の成果なのです。

ところが、五五年体制成立前夜の一九五五年三月、潤沢だった委託予算は突如打ち切られました。そのため、月島分室は解体、日本常民文化研究所には大量の古文書が未返却のまま残される結果となったのです。未返却の古文書群のなかでも、時国家文書は最大級のものでした。

一九八二年四月、日本常民文化研究所は解散し、神奈川大学日本常民文化研究所が新たに発足します。かつて月島分室の一員であった網野善彦《あみのよしひこ》が教授・所員として迎えられ、その年から、さっそく有名な「古文書返却の旅」が開始されました［網野 一九九九］。網野は時国家文書の返却を急務と考えていたのです。

月島分室時代、網野は能登調査にかかわっていませんでした。網野が時国家をはじめて訪れたのは、一九八四年八月のことでした。きびしい叱責を覚悟していた網野は、時国家に温かく迎えられたばかりか、未発見の古文書があることを告げられたのです。この訪問を機に、神奈川大学日本常民文化研究所は、渋沢以来の時国家との関係回復と可能な限りの事業継承を決定しました。こうして、時国家の調査は三〇年ぶりに再開したのです。

当時、大学院生だったわたしも、このプロジェクトの末席に、アルバイトとして加えていただきました。たいへんな幸運だったと思います。わたしたちの仕事は、古文書目録の作成や虫・破損文書の修復など、時国家文書を返却するための準備作業でした。毎週金曜日に開かれた時国家文書研究会は、希望すれば誰でも参加できる、自由で開放的な雰囲気の研究会でした。このプロジェクトをとおして、わたしは実に多くのことを学びました。

現地での本格的な調査が開始されたのは、一九八五年八月からでした。この調査で、わたしたちは土蔵や母屋などを家探しして、大量の新出文書を発見しました。その後、毎年夏と春にそれぞれ一週間程度の調査を継続し、整理作業はおよそ一〇年にも及びました。詳細に述べる紙幅はありませんが、さまざまな整理作業を経て、古文書群は単なる古紙の山から資料（史料）の山へと生まれ変わったのです。それを「資料化」といいます。

図18　時国家文書を調査する網野善彦（1987年）

調査は新鮮で刺激に満ちていました。学外の研究者も大勢見学に訪れました。わたしはこの調査でたくさんのものを得たと思っています。涙も笑いもありました。この調査は、わたしの人生にとって、このうえなくかけがえのない経験なのです。

総合調査の成果――古屋敷の位置

時国家文書の調査に始まったこのプロジェクトは、次第に民俗学、建築史学、考古学などを含む「奥能登地域の総合的研究」へと発展していきました(14)。その結果、一人で研究していたらわからなかっただろういろいろなことが解明されたのです。

たとえば、現在の時国家住宅は、岩倉山《いわくらやま》の山裾にあります。ところが、古文書群のなかから見つかった屋敷絵図によると、時国家住宅は町野川《まちのがわ》のほとりに描かれています。古文書の調査をしていたわれわれは、どういうことなのかと、考えあぐねていました。ところが、民俗学の聞き取り調査、建築史の住宅調査、考古学の発掘調査などが、次々に行われたことによって、時国家の住宅は、元々は町野川河畔にあったけれど、天保年間(一八三〇~四四)になって岩倉山の山裾に移転したことがほぼ明らかになったのです。わたしたちの共同研究はいよいよ勢いづき、時国家住宅が町野川のほとりにあった理由もわかってきました。

これまでの諸研究が描いてきた時国家像は、多数の隷属農民を従えて大規模な農業経営を営む、「後進」奥能登を代表するような土豪的農民というものでした。

ところが、常民研の調査・研究では、奥能登の大百姓時国家が、近世を通じて百人単位の「譜代下人」を従え、廻船・製塩・農業などを大規模に展開していたことが判明したのです。近世初期には、新たなビジネスチャンスを求めて、鉛山経営まで企図していたこともわかりました。とりわけ廻船業は大規模で、下人たちを船頭や水主として樺太・松前から大坂まで派遣していたほか、子息

(14) その成果は、『奥能登と時国家』(平凡社、全五巻)、網野[1994][2005]などで読むことができます。

図19　1994年、新発見の襖の下張り文書を前に談笑する時国健太郎氏（左端）と網野（右端）

や有能な下人を手代として支店経営をも行っていたのです。企業家的百姓といっていい家でした。［関口二〇二一］。

また、時国家と縁戚関係にあった柴草屋は、頭振（水呑）身分でしたが、やはり廻船業で巨富を築き、近世前期には多くの譜代下人を抱えていたことがわかっています［泉二〇一〇］。企業家的水呑といっていいでしょう。

この調査を主導した網野は、これらの成果を「百姓＝農民ではない」という印象的な言葉で表しました。水田中心の歴史観を脱することで、能登だけではなく、列島社会全体の新しい歴史像が描けることを主張したのです［網野二〇一五］。奥能登の古文書群調査にはじまった地域研究が、日本社会全体の歴史像を変えたのです。

伊予二神家文書の調査（愛媛県松山市）

愛媛県松山市の北西、瀬戸内海の忽那《くつな》諸島と呼ばれる大小七つの島々（有人島）のなかに、二神島という小さな島があります。

日本常民文化研究所によるこの島の調査は、一九五四年（昭和二九）の夏、月島分室の網野善彦と河岡武春《たけはる》が、水産庁からの委託調査のために、同島を訪問したことに始まります。一九八二年（昭和五七）、常民研に返却し忘れた二神司朗家文書（一部）が残っていることを確認した網野が、約三〇年ぶりに二神島を訪問します。これを機に、神奈川大学日本常民文化研究所による二神島調査が、数期にわたって行われました［網野 一九九九］［田上 二〇一六］。

一九八二年の網野の二神島再訪が、第一期調査に当たります。網野らが二神家の中世文書（巻子）を、西和夫らが二神島の建築を調査しています。

一九九五年（平成七）からの第二期調査は、二神家最後のご当主、二神司朗氏からの古文書群譲渡の申し入れを受けてスタートしました。このときは、古文書・墓地・建築などの総合調査が行われ、わたしも参加しました。

二〇〇七年（平成一九）、神奈川大学日本常民文化研究所による共同研究「瀬戸内海の歴史民俗」が始まり、その共通のフィールドとなったのが二神島でした。これが第三期調査で、わたしは遅れて二〇一五年から参加しました。

図20　二神家文書を調査する網野（1995年）

第二期・第三期の二神家調査の成果

第二期調査の成果は、網野の見解に集約されています。網野によれば、二神島と二神氏はワンセットで「海の領主」の典型的なあり方を示していると指摘しています。「海の領主」二神氏は、島内の館・神社・寺院・城によって浦と泊の二集落を警固し、「海民的百姓」たちの活動を管理・支配する一方、伊予の守護河野氏や水軍で知られる村上氏と結びついて、海の武士——「海賊」としてその地歩を固めながら、他方で交易・商業にも従事していたと主張したのです［網野 一九九六］。

第三期調査では、第二期調査の成果に対する批判が出されました。前田禎彦《よしひこ》が、戦国時代の二神氏の拠点は、伊予本土の風早郡粟井《かざはやぐんあわい》郷宅並城《ごうたくなみじょう》とその周辺にあり、「二神殿」はふだん二神島に居住していなかったとして、二

図21　長持や箪笥の引出しから見付かった二神家文書（1995年）

神氏を海賊・水軍、「海の領主」とする網野の見方に対する否定的な見解を述べたのです［前田二〇一六］。

研究は調査と議論を積み重ねることによって発展していきます。第二期と第三期の見解の対立は、共同研究の健全さを示すものであり、決して悪いことではありません。最後に、この見解の対立について、第三期調査に途中から参加した立場から、わたし自身の見通しを述べておきたいと思います。

わたしは、網野が提唱した「系譜・伝承資料学」[15]の観点から、二神家文書を「文書群」として分析してみました［関口二〇一九］。「系譜・伝承資料学」とは、系図・由緒書・伝承などを検討して、歴史と民俗とを架橋しようとする方法論で、「歴史民俗資料学」の一部をなすものです。従来の歴史学では、それらの史料は後世

(15) 神奈川大学大学院歴史民俗資料学研究科には、同研究科が設置された1993年度から網野善彦が定年退職する1997年度まで、「系譜・伝承資料学」という授業科目が開設されていました［網野 1996］。

に捏造されたいかがわしいものと考え、ほとんど利用されませんでした。ところが網野は、系譜・伝承資料の使い方によっては、歴史と民俗とをつなぐことができると考えたのです。

わたしはその観点から、二神家文書に含まれる系図を比較検討してみました。すると、そのほとんどが一八世紀後半の庄屋、新四郎（二神種章《たねあきら》）の筆跡であることがわかりました。新四郎は、同じ二神一族の他の家の系譜を取り込みながら、自分の家を「水軍」「二神宗家」とする自画像を描き、「海の領主」種章としての自意識を確立していったのです。自らを本家・宗家とするファミリーツリーを紡ぎ出し、身分を超えた一族全体の序列化を目論んだわけです。種章は、各地の二神一族に、新たに創作した系図を押し付けました。二神家に連なる諸家の側からしてみれば、二神島二神家を「宗家」「水軍」とする歴史叙述を受け入れるか否か、試されることとなったのです。

こうした新四郎種章の営為は、二神家文書全体の性格にかかわっています。実は、論文を書いた後に気が付いたことなのですが、網野や前田が読んだ中世文書を巻子（巻物）に仕立てた人物もまた、新四郎種章その人だったのです。「二神司朗家文書」の中核をなす中世文書群は、彼によって編集され（つまり、意図的に取捨選択され）、巻子に仕立てられていたのです。二神家を「宗家」「水軍」とする伝承は、こうして創作され、後世の歴史の見方に影響を及ぼしたことになります。

網野はその鋭さゆえに、新四郎種章の「意図」を無意識のうちに読み取ってしまったのだと思います。それは網野の「誤読」ともいえるでしょう。とはいえ、わたしにそのことを気付かせてくれたのも、他ならぬ網野の「系譜・伝承資料学」でした。第二話に「古文書は嘘をつく」と書きました。しかし、古文書を「群」として捉え、その「嘘」にどのような意味があるのか考察するならば、その先には、これまでの歴史と民俗とを架橋する、まったく新しい「歴史民俗資料学」の世界が続いているのです。古文書の世界は、みなさんの目の前に大きく広がっています。

おわりに——広くて深い古文書の世界への誘い

五代目市川海老蔵（七代目市川團十郎）の「送り手形の事」の解説をとおして、くずし字の読み方や勉強の仕方、歴史の読み解き方、古文書群の形成など、古文書入門的なことを書いてきました。それは、冒頭に示した歴史研究の三段階、①古文書を読む（翻字・筆写・翻刻する）、②古文書を理解する（内容・成立・真偽などを検討する）、③古文書で考える（史料として活用する）の応用例でもあります。

古文書はたった一通でも、いろいろなことを語っています。しかし、口頭伝承と同様、古文書の「語り」も、必ずしも事実とは限りません。だから、歴史研究者や資料学研究者は、臨床心理士が、クライエント一人一人の成育環境や固有の価値観と向き合うように、一点一点の古文書の成立事情、作成者の意図、伝来の過程などを、古文書群全体を視野に入れながら読み解いていかなくてはならないのです。しかしながら本書では、「送り手形の事」をテキストとして利用しただけで、それが成田山新勝寺の全資料群、古文書群のなかで、どのような位置を占め、どのような意味を有しているのか、実はまったく検討していないことを白状しておくべきでしょう。

その不足を補うために設けたのが第四話でした。第四話では、神奈川大学日本常民文化研究所による古文書群の調査・研究の実例を、わたしの体験に基づいて紹介しました。古文書一点一点を丁寧に読み込むことと同じくらい、古文書群全体の調査・研究は大切であり、その成果が大きいことを感じていただけたでしょうか。神奈川大学日本常民文化研究所の所員として、研究所の活動に関心をもっていただくことも意図しました。

本書では、主として歴史や民俗の資料（史料）としての側面にフォーカスして、古文書の説明をしてきました。しかし、古文書とかかわっているのは、研究者だけではありません。そこで最後に、広くて深い古文書の世界を紹介して、本書を結びたいと思います。

古文書は紙でできた繊細な文化財・文化遺産です。研究をしているだけでは、古文書を後世に伝えていくことはできません。適正に管理し、保存していく必要があるのです。たとえば、古文書の整理や目録作成は、古文書の散逸を防ぎ、資料化するための作業です。古文書の撮影は、研究・活用と保存とを両立させるための作業です。いずれも熟練を要し、時間と労力と根気が求められる仕事です。

破損した古文書を修理する専門家もいます。近年では、地球温暖化の影響で激甚災害が急増しています。被災した古文書を修復する能力と知識は、今後より一層必要とされることでしょう。古文書の保存に適正な環境を探るためには、保存科学の観点からの研究も不可欠です。

また、古文書読解を楽しむ高齢者もおいでです。全国各地のいわゆる古文書講座は、向学心旺盛な高齢者で賑わっています。「老後の趣味」と侮ってはいけません。たとえば、神奈川大学広報事業課のエクステンション講座「神奈川大学日本常民文化研究所による古文書講読講座」は、すでに二〇年近くにおよぶロングラン講座になっています。とくに応用コースには、わたし以上の解読力を身につけたベテランが何人もいて、常民研刊行の『二神司朗家文書　近世・由利島編』（二〇一九年）や共同研究「海域・海村の景観史に関する総合的研究」（代表・安室知）の漁場図翻刻プロジェクトなどを担ってくださっています。

このほか、全国各地の多くの方々が、さまざまな立場から古文書にかかわり、その魅力を引き出し、後世へと伝える努力をしています。ここで言う〝広くて深い古文書の世界〟という言葉には、古文書が伝える歴史の世界と、古文書にかかわる人びとの世界という、ふたつの意味を込めています。本書をきっかけとして、読者のみなさんが、古文書にもっともっと興味を持ち、〝広くて深い古文書の世界〟の列に加わってくださることを、切に願っています。

ところで、神奈川大学国際日本学部歴史民俗学科が、二〇二〇年度に開設されました。本書は新学科の開設にあわせて刊行する計画でしたが、一年遅れの刊行になってしまいました。大学生ならば、卒業論文が書けずに留年したようなものです。

その間、神奈川大学広報課ならびに神奈川大学日本常民文化研究所には、原稿が出来あがるのを辛抱強く待っていただきました。本書を製作するにあたっては、常民研の小山田絵馬さんの尽力と歴史民俗資料学研究科の大学院生有志諸君の協力を得ました。

また、成田山仏教図書館ならびに成田山霊光館には、所蔵史料の撮影と掲載をご快諾いただきました。

末尾ながら、皆さまに厚くお礼を申し上げます。

【主な参考文献】

網野善彦『日本社会再考――海からみた列島文化』（ちくま学芸文庫、二〇一七年）
網野善彦『日本中世史料学の課題』（弘文堂、一九九六年）
網野善彦『古文書返却の旅』（中公新書、一九九九年）
網野善彦『日本の歴史をよみなおす（全）』（ちくま学芸文庫、二〇〇五年）
網野善彦『「日本」とは何か』日本の歴史00（講談社学術文庫、二〇〇八年）
有岡利幸『ものと人間の文化史一八一　和紙植物』（法政大学出版局、二〇一八年）
泉雅博『海と山の近世史』（吉川弘文館、二〇一〇年）
越智信也「『漁業制度資料調査保存事業』と日本常民文化研究所」（『歴史と民俗』三〇、二〇一四年）
木村涼『七代目市川團十郎の史的研究』（吉川弘文館、二〇一四年）
佐藤進一『新版 古文書学入門（新装版）』（法政大学出版局、二〇〇三年）
菅原憲二「七代目團十郎の高野山登山と大坂興行をめぐって―追放中の團十郎の書状から―」（『平成三〇年度　成田山文化財団年報』第一〇号、二〇一九年）
関口博巨「近世人の表現をめぐる試論―妖怪・昔話・芝居・偽文書など―」（山本直孝・時枝務編『偽文書・由緒書の世界』岩田書院、二〇一三年）
関口博巨「近世甲斐の地札と証文―古文書・民具・調査小考」（神奈川大学日本常民文化研究所『民具

マンスリー』第四七巻四号、二〇一四年）
関口博巨「モノとしての古文書と民具―複合資料論の試み」（『日本歴史』第八〇一号、二〇一五年）
関口博巨「『水軍の記憶』を編む―二神種章の歴史叙述」（『歴史と民俗』三五、二〇一九年）
関口博巨『近世村落の領域と身分』（吉川弘文館、二〇二一年）
大本山増上寺編『大本山　増上寺史　本文編』（大本山増上寺、一九九九年）
田上繁「瀬戸内海二神島を中心とする日本常民文化研究所の調査・研究の軌跡」（神奈川大学日本常民文化研究所編『論集「瀬戸内海の歴史民俗」』、二〇一六年）
田中求・宍倉佐敏・富樫朗『地域資源を活かす　生活工芸双書　楮・三椏』（農山漁村文化協会、二〇一八年）
福田千鶴「古文書大国日本とアーカイブズ」（南山大学史料室『アルケイア―記録・情報・歴史―』第七号、二〇一三年）
前田禎彦「解題『二神司朗家文書　中世文書・系図編』」（神奈川大学日本常民文化研究所編『二神司朗家文書　中世文書・系図編』、二〇一六年）

著者紹介

関口　博巨（せきぐち ひろお）

1960年生まれ。神奈川大学国際日本学部准教授。著書に、『海と非農業民』（共著、岩波書店、2009年）、『村の身分と由緒』（「〈江戸〉の人と身分」第2巻、共著、吉川弘文館、2010年）、『偽文書・由緒書の世界』（共著、岩田書院、2013年）、『東日本の部落史』Ⅰ・Ⅱ（共著、現代書館、2018年）、『近世村落の領域と身分』（吉川弘文館、2021年）、編著に『二神司朗家文書 近世・由利島編』（神奈川大学日本常民文化研究所、2019年）がある。

神奈川大学入門テキストシリーズ

歴史《れきし》民俗《みんぞく》資料《しりょう》入門《にゅうもん》1

古文書《こもんじょ》を学《まな》ぶ――市川海老蔵《いちかわえびぞう》の証文《しょうもん》から――

発行日　2021年2月25日　第1版第1刷発行

編　者――学校法人神奈川大学 ©

監　修――神奈川大学日本常民文化研究所

著　者――関口博巨

発行者――橋本盛作

発行所――株式会社御茶の水書房

〒113-0033 東京都文京部本郷 5-30-20　電話 03-5684-0751

印刷・製本――モリモト印刷 株式会社

Printed in Japan

ISBN978-4-275-02139-7 C1021